Kochen durch die Epochen

Achim Werner
Jens Dummer

Kochen durch die Epochen

Von der Steinzeit bis ins Mittelalter

Mit 44 neuen Rezepten
vom 5-Steine-Koch

Danksagung

An erster Stelle danken wir Norbert und Erika Werner (Schalksmühle), die unsere Arbeit nicht nur finanziell unterstützt, sondern auch wohlwollend begleitet und nachhaltig gefördert haben.

Besonderer Dank geht an Wilfried Eckstein (Köln) für die Fotos der Wildpflanzen und die Ausleihe von Replikaten für die Rezeptfotos.

Dr. Johann Tinnes (Köln) hat für die Rezeptfotos unseres Buchprojektes spezifische Nachbildungen prähistorischer Gerätschaften erstellt, dafür danken wir ihm ganz herzlich.

Dank schulden wir auch Horst Gohlke (Met-Brauerei Köln), der uns ebenfalls Foto-Accessoires zur Verfügung gestellt hat.

Ebenfalls möchten wir David Eichler, Stephanie Brown und Klaus Fabritius (alle Köln) für die geduldige Beratung bei PC-Problemen bzw. Layout- und Covergestaltung danken.

Für hilfreiche Anregungen, konstruktive Kritik, Korrekturen sowie technische und moralische Unterstützung bedanken wir uns bei:

Jost Auler M.A. (Dormagen), Achim Bundschuh (Maritim Hotel Köln), Luise Eckstein (Köln), Dr. Wolfgang Gaitzsch (RAB Bonn), Dr. Christiane Höck (Köln), Catherine Krahn (Jülich), Madita Krahn (Jülich), Dr. Stephan A. Lütgert (Hamburg), Franz-Josef Reuter (Köln), Karl-Heinrich Terglane (Köln), Jürgen Weiner M.A. (Pulheim), Hannelore Wellstein (Köln).

Last but not least danken wir allen, hier nicht namentlich genannten Freunden und Bekannten, die so mutig waren, die Resultate unserer Kochversuche zu testen, wertvolle Tipps und Verbesserungsvorschläge zu liefern – und sich immer noch bester Gesundheit erfreuen.

Bibliografische Information der Deutschen Nationalbibliothek
Die Deutsche Nationalbibliothek verzeichnet diese Publikation
in der Deutschen Nationalbibliografie; detaillierte bibliografische
Daten sind im Internet über http://dnb.d-nb.de abrufbar.

Umschlaggestaltung: nach einem Entwurf von Jens Dummer und
David Eichler

© 2010 Konrad Theiss Verlag GmbH, Stuttgart
Lektorat: Karin Haller, Stuttgart
Druck und Bindung: Offizin Andersen Nexö Leipzig GmbH, Zwenkau

ISBN 978-3-8062-2384-2

Besuchen Sie uns im Internet:
www.theiss.de

Inhalt

Vorwort

Die Einleitung dieses Buches ist auch eine Einladung, nämlich die zu einer kulinarischen Zeitreise durch elf Epochen, von der Jüngeren Altsteinzeit bis zum Hochmittelalter. Wir starten etwa 35 000 Jahre v. Chr. mit den Ernährungsmöglichkeiten der Eiszeitjäger, begleiten die „Neolithische Revolution", werfen einen Blick in die Kochtöpfe der frühen Metallzeiten, sind zu Tisch mit Kelten und Römern, rühren weiter im Topf der Geschichte und landen nach Besuchen bei Hunnen, Franken und Wikingern im Hochmittelalter in der Hofküche der Staufer.

Nahrungsbeschaffung, deren Verarbeitung, Zubereitung usw. sind grundlegende Bedürfnisse der Menschheit. Der gemeinsame Verzehr, damit verbundene Rituale wie z. B. Tischsitten oder auch die Opferung von Nahrungsmitteln zeugen von der hohen Wertigkeit, die dieser Notwendigkeit auch kulturell beigemessen wurde und wird. Auch heute ist eine gemeinsam eingenommene Mahlzeit, sei es im Kreis der Familie, im Rahmen eines „Geschäftsessens", einer Betriebsfeier etc., wichtig zur Aufrechterhaltung sozialer und ökonomischer Kontakte. Auch der Spruch „Liebe geht durch den Magen" hat sicherlich seine Berechtigung. Beim „Zappen" durch die TV-Landschaft kann man sich mittlerweile zu fast jeder Tageszeit von Sterneköchen über multikulturelle Speisen informieren lassen oder sich an schon fast inflationär angebotenen Kochshows delektieren. Alles Geschmacksache?! Die Feststellung „Der Mensch ist, was er isst" kommt sicherlich nicht von ungefähr. So setzten sich schon römische Schriftsteller zum Teil kritisch, bisweilen auch sarkastisch mit den Essgewohnheiten ihrer Zeitgenossen auseinander. Der berühmte Philosoph Lucius Annaeus Seneca (1. Jh. n. Chr.) tadelte: „Man findet es zu anstrengend, die Speisen jede für sich zu essen, sondern man mischt, was verschieden schmeckt, gewaltsam durcheinander: Die Tafel verrichtet den Dienst des Magens; ich warte nur darauf, dass auch Vorgekautes vorgesetzt wird."

Gleichzeitig kann man aber anhand von Literaturquellen feststellen, dass Gastmähler und Gelage auch friedens-, bündnis- und gemeinschaftsstiftende Funktionen hatten. Der fränkische Schriftsteller Gregor von Tours (6. Jh. n. Chr.) berichtet über ein Treffen zwischen dem Merowingerkönig Chlodwig und dem mit ihm verfeindeten Westgotenkönig Alarich: „Sie trafen sich darauf auf der Loireinsel bei Amboise im Gebiet von Tours, sprachen, aßen und tranken miteinander, gelobten sich Freundschaft und schieden dann in Frieden".

Mögen sich die Mächtigen unserer Zeit daran ein Beispiel nehmen.

Da es sich bei „Kochen durch die Epochen" in erster Linie um ein Kochbuch handelt, können die komplexen Bedingungen der jeweiligen Epochen nur in vereinfachter Form dargestellt werden. Somit haben wir uns auf allgemein verständliche Vermittlung der wichtigsten und für die Ernährung der damaligen Menschen relevanten Faktoren wie z. B. Klimaveränderungen, Lebens- und Wirtschaftsweisen, technologische Innovationen usw. beschränkt, geografisch eingegrenzt auf Mitteleuropa, allerdings unter Berücksichtigung möglicher Einflüsse von außen, wie z. B. durch Handelsbeziehungen.

Da aus den frühen Epochen der Menschheitsgeschichte keine schriftlichen Quellen überliefert sind, können die damaligen Ernährungsgrundlagen nur über die Auswertung archäologischer Funde und Befunde sowie naturwissenschaftliche Untersuchungsmethoden erschlossen werden. Zu diesen Methoden zählen u. a. Pollenanalyse (Palynologie), Archäobotanik oder Archäozoologie. Mittels der Pollenanalyse werden in Sedimentproben erhaltene Pflanzenpollen bestimmt, die eine Rekonstruktion der jeweils herrschenden Umwelt- und Klimabedingungen sowie Einblicke in die damalige Pflanzenwelt erlauben. Weitere Informationen zu Wild- und Kulturpflanzen liefert die Archäobotanik, die sich mit der Untersuchung pflanzlicher Makroreste beschäftigt. Die Archäozoologie wiederum analysiert Tierknochenfunde aus archäologischen Ausgrabungen und gibt damit Hinweise hinsichtlich der Fauna, speziell aber auch zur Unterscheidung von Wildtieren und deren domestizierten Formen. Nur selten erhalten sich organische Materialien unter günstigen Bedingungen wie z. B. bei Verkohlung oder Einlagerung in feuchten Bodensedimenten unter relativem Luftabschluss, deswegen spielen Fundstellen mit derartigen Erhaltungsbedingungen eine bedeutende Rolle in der archäologischen Forschung. Glücksfälle dieser Art stellen die Entdeckungen verkohlter Reste von Backwaren aus jungsteinzeitlichen Seeufersiedlungen der Schweiz, bronzezeitlichem Brot aus Niedersachsen oder von Gebäck in einem keltischen Grab im Hunsrück dar, deren naturwissenschaftliche Analyse sogar eine zuverlässige Rekonstruktion der Backrezepte ermöglichte. Weitere Möglichkeiten zur Rekonstruktion früher Ernährungsweisen liefern chemische Analysen von Speise- und Kochgeschirr bzw. evtl. daran anhaftenden Resten, z. B. angebrannten „Kochkrusten". Auch Einschlüsse von Pflanzenresten in Keramik oder gebranntem Lehm können zur Bestimmung der jeweiligen Pflanzenarten herangezogen werden.

Eine sinnvolle Ergänzung der naturwissenschaftlichen Methoden stellt die experimentelle Archäologie dar, mit deren Hilfe systematisch und unter kontrollierten Bedingungen archäologische Hypothesen überprüft werden können, wobei die Versuchsergebnisse eine entsprechende Hypothese bestenfalls falsifizieren, niemals jedoch verifizieren können.

Mit Beginn schriftlicher Überlieferungen, z. B. Berichten antiker Schriftsteller seit der vorrömischen Eisenzeit, verbessert sich die Quellenlage erheblich. Allerdings ist der Wahrheitsgehalt dieser Schriftzeugnisse kritisch zu betrachten, da ihr Inhalt und ihre Absicht häufig zumindest fragwürdig sind.

Schriftliche Zeugnisse, auch Bildquellen, dokumentieren in der Regel politische Denkweisen, daraus resultierende Aktionen und Folgen, religiöse Glaubensvorstellungen oder Ergebnisse von Handel und Wirtschaft, sozialen Konflikten oder Kriegen. Die realen Auswirkungen menschlicher Aktivitäten lassen sich aber besser und authentischer über ihre materiellen Hinterlassenschaften, also über archäologische Forschung erfassen. Letztlich werden in der modernen Forschung alle Formen von Quellen bzw. „Archiven" genutzt, da ihre unterschiedlichen Aussagemöglichkeiten sinnvoll kombiniert neue Perspektiven und einen differenzierteren Blick auf frühere Epochen ermöglichen.

Auch die Interpretation von Rezepturen aus römischen und mittelalterlichen Kochbüchern für die heutige Küche gestaltet sich in der Regel als sehr schwierig, da die Benennung der Zutaten, deren Menge oder auch Zubereitungsarten und Garzeiten meist nicht eindeutig benannt, nur fragmentarisch überliefert wurden oder gänzlich fehlen. Deshalb haben wir versucht, schriftlich überlieferte Kochrezepte auszuwerten und neu zu gestalten.

Letztlich ist es unser Anliegen, das Interesse an den kulinarischen Aspekten der Vergangenheit zu fördern, indem wir auf informative, schmackhafte und genüssliche Art versuchen, prähistorische und historische Kochrezepte möglichst realitätsnah nachzuempfinden und für die heutige Küche praktikabel umzusetzen.

In diesem Sinne wünschen wir unseren Lesern, Köchen und deren Gästen „Guten Appetit!"

Erläuterungen
zu den Rezepten

Wie bereits in der Einleitung erwähnt, existieren für die frühen Epochen der Menschheitsgeschichte keine schriftlich überlieferten Kochrezepte. Die Kochliteratur späterer, schriftführender Kulturen, wie z. B. der Römer oder des Mittelalters, liefert deutlich bessere Grundlagen, die allerdings auch mit Vorsicht zu „genießen" sind. Selbstverständlich haben wir uns aus diesem reichhaltigen Fundus bedient und dort aufgeführte Rezepte ausgewertet und dem heutigen Geschmack angepasst. Es blieb jedoch nur eine Möglichkeit, sich den kulinarischen Genüssen der vergangenen Epochen anzunähern: eine detaillierte Spurensuche, gepaart mit einem gewissen Maß an Einfühlungsvermögen, Fantasie und Experimentierfreudigkeit. In diesem Sinne möchten wir auch die im Folgenden aufgeführten Rezeptvorschläge verstanden wissen, bei denen es sich keinesfalls um Forschungsergebnisse auf der Basis von archäologischen Experimenten handelt. Wichtig war uns allerdings die Orientierung am aktuellen Forschungsstand unter Berücksichtigung der damals verfügbaren Nahrungsquellen und Lebensmittel sowie deren Zubereitungs- und Konservierungsmöglichkeiten. Vermutlich erscheint dem einen oder anderen Leser die Zutatenkombination oder Zubereitungsmethode einiger Gerichte, besonders für die frühen, prähistorischen Zeiten, als zu raffiniert oder zu aufwändig, da allgemeinhin die damals lebenden Menschen völlig zu Unrecht als primitiv angesehen werden. Als Gegenargument sei hier nur darauf hingewiesen, mit wie viel Aufwand, Liebe zum Detail und ästhetischem Empfinden Alltagsgegenstände hergestellt und verziert wurden, ohne dass dieser Aufwand einen technisch erforderlichen Zweck erfüllte. Daraus lässt sich unserer Meinung nach mit einiger Berechtigung ableiten, dass auch in Bezug auf die Ernährung durchaus auch Bedürfnisse hinsichtlich des Geschmacks entwickelt wurden, und man sich demzufolge nicht permanent auf den „Genuss" von gegrilltem Fleisch, Getreidebrei oder Eintopfgerichten beschränkte.

Bei der Zusammenstellung bzw. Kombination von Zutaten für die von uns nachempfundenen oder neu kreierten Rezeptideen haben wir auch berücksichtigt, dass ein Großteil der Lebensmittel aufgrund der früher stark eingeschränkten Verfügbarkeit und Konservierungsmöglichkeiten nur saisonal zur Verfügung stand. Des Weiteren haben wir besonderen Wert darauf gelegt, keinerlei Tiere oder Pflanzen zu verwenden, die mittlerweile vom Aussterben bedroht sind und deshalb völlig zu Recht unter Artenschutz stehen. Im Falle von ungewöhnlichen oder schwierig zu beschaffenden Zutaten weisen wir auf geeignete Alternativen hin. Da viele Rezepte auf der Verwendung von Wildpflanzen und deren Früchten basieren, die nicht allen Lesern bekannt sein werden, bieten wir im Anschluss an den Rezeptteil eine „Bestimmungshilfe für Wildpflanzen" an.

Um Verwechselungen mit Giftpflanzen eindeutig ausschließen zu können, raten wir aber ausdrücklich dazu, beim Pflanzensammeln ein zuverlässiges Bestimmungsbuch zu nutzen. Prinzipiell sollten Wildpflanzen nur an Orten gesammelt werden, die nicht durch Verunreinigungen wie z. B. tierische oder menschliche Ausscheidungen in Form von Kot oder Urin, Müllablagerungen, Beeinträchtigungen durch den Straßenverkehr, Düngemittel, Schädlingsbekämpfungsmittel oder andere Schadstoffe belastet sind. Eine Gefährdung durch die Eier des sog. Kleinen Fuchsbandwurms (Echinococcus multilocularis) ist sicherlich nicht auszuschließen, bislang allerdings selten nachgewiesen, vermutlich auch aus dem Grund, dass die Inkubationszeit im menschlichen Körper bis zu zehn Jahren beträgt. Leider ist es beim Auftreten der ersten Symptome dann zu spät für eine erfolgreiche medizinische Therapie, deshalb empfehlen wir als zuverlässigen Schutz, die Pflanzen vor dem Verzehr mit heißem Wasser kurz abzubrühen, da die Parasiteneier bei Temperaturen über 60 Grad absterben und damit nicht mehr infektiös sind.

Im Sinne des Naturschutzes und der Arterhaltung sollte man nur Pflanzen sammeln, die an ihrem Standort in größeren Mengen vorkommen, sodass eine nachhaltige Schädigung des Bestandes ausgeschlossen ist. Da sicherlich niemand welke, verschmutzte oder von Schädlingen befallene und damit gesundheitsgefährdende Wildkräuter verzehren möchte, versteht es sich von selbst, diese nicht zu ernten und später zu Hause zu entsorgen, sondern sie in der Natur zu belassen, wo sie immer noch ihren Zweck erfüllen. Bevorzugt sollten junge Triebe, Blätter und Sprossen vor der Blütezeit verwendet werden, danach kann Einlegen oder Abkochen in Milch den Pflanzen unliebsame Bitterstoffe entziehen. Frische Wildkräuter stehen nur saisonal zur Verfügung, die meisten können aber durch Trocknen, Einlegen in Öl oder Essig oder Einfrieren konserviert werden. Bei Verwendung getrockneter Kräuter gilt im Normalfall die Faustregel, dass ein Teelöffel (TL) getrockneter Kräuter etwa einem Esslöffel (EL) frischer Kräuter (fein gehackt) entspricht. Mittlerweile sind viele Wildkräuter sowohl frisch als auch konserviert in Bioläden oder Reformhäusern erhältlich und damit eine Entnahme aus der Natur vermeidbar. Darüber hinaus haben wir bei unseren Kochversuchen festgestellt, dass es durchaus möglich ist, ersatzweise kultivierte Küchenkräuter wie z. B. Petersilie oder Schnittlauch zu verwenden. Grundsätzlich gilt aber, dass viele der heute angebauten Kulturpflanzen einem Vergleich mit ihren wild wachsenden Verwandten hinsichtlich der Wertigkeit ihrer Inhaltsstoffe nicht oder nur bedingt standhalten. Die meisten Wildpflanzen sind würziger, ärmer an Wasser, eiweiß- sowie vitaminreicher und damit wesentlich gesünder. Trotzdem empfehlen wir unseren Lesern, ihrer Experimentierfreudigkeit freien Lauf zu lassen, auch kultivierte Würzkräuter zu verwenden und eigene, neue Geschmackserlebnisse zu entwickeln. Dies gilt selbstverständlich auch bei der Zusammenstellung von Menüs, deren einzelne Speisen unterschiedlichen Epochen entstammen, aber reizvolle Kombinationen ergeben können. Aus diesem Grund haben wir unsere Rezeptvorschläge unabhängig davon, ob es sich um Vorspeise, Zwischengericht, Hauptgang oder Dessert handelt, von der Zutatenmenge immer auf jeweils vollständige Gerichte für vier Personen konzipiert. Bei der Zubereitung eines Vier-Gänge-Menüs sollten die Zutatenmengen der einzelnen Gerichte also entsprechend angepasst werden, um die Gäste und deren Mägen nicht zu überfordern!

Sämtliche Rezeptvorschläge können problemlos sowohl auf offenem Feuer, Holzkohlegrill oder in nachgebauten Kuppelbacköfen aus Lehm als auch mit heutigen Küchengeräten realisiert werden. Die angegebenen Kochtemperaturen und Garzeiten gelten für moderne Gas- und Elektroherde. Um diese Angaben möglichst exakt zu ermitteln und ein geschmacklich gutes Resultat zu erzielen, haben wir jede einzelne Rezeptur mindestens dreimal getestet. Da die verschiedenen Grillgeräte wie Holzkohle-, Elektro- oder Gasgrill höchst unterschiedliche Temperaturen entwickeln und deshalb individuell zu handhaben sind, wurden meist keine Garzeiten angegeben. Hier gilt, wie so oft in der Küche: „Versuch macht klug".

Da der Lebensmittelhandel heute eine kaum überschaubare Vielzahl an Produkten wie Getreide, Hülsenfrüchten usw. anbietet, deren Qualität, Zubereitungsweisen und Garzeiten sich deutlich unterscheiden, sollte man unbedingt die jeweiligen Herstellerhinweise beachten.

Unsere Rezeptvorschläge sind gegliedert nach Zutaten, deren erforderliche Menge und Zustandsform, also z. B. frisch oder konserviert. Bei schwierig zu beschaffenden Lebensmitteln nennen wir Alternativen, die vom Kochresultat her geschmacklich vergleichbar sind, beispielsweise asiatische Fischsoße als Ersatz für das in römischen Kochrezepten häufig erwähnte „Liquamen". Im Anschluss an die Zutatenliste haben wir öfters Anmerkungen zu besonderen Eigenschaften der Produkte oder Tipps zu deren Aufbereitung eingefügt. Die dann folgenden Zubereitungsanleitungen sind bewusst im „Telegramm-Stil" gehalten, um jeweils auf einer Buchseite eine vollständige Rezeptidee präsentieren zu können.

Bei Erstellung der Rezeptfotos haben wir auf „Food-Design" oder Nachbearbeitung verzichtet. Unsere Kochresultate sollten in einem Ambiente mit möglichst zeitauthentischen Replikaten realistisch sein.

Auf jeden Fall wünschen wir unseren Lesern viel Freude und Spaß beim Ausprobieren unserer „epochal" nachempfundenen Rezepte unter Berücksichtigung des Mottos „Hunger ist der beste Koch".

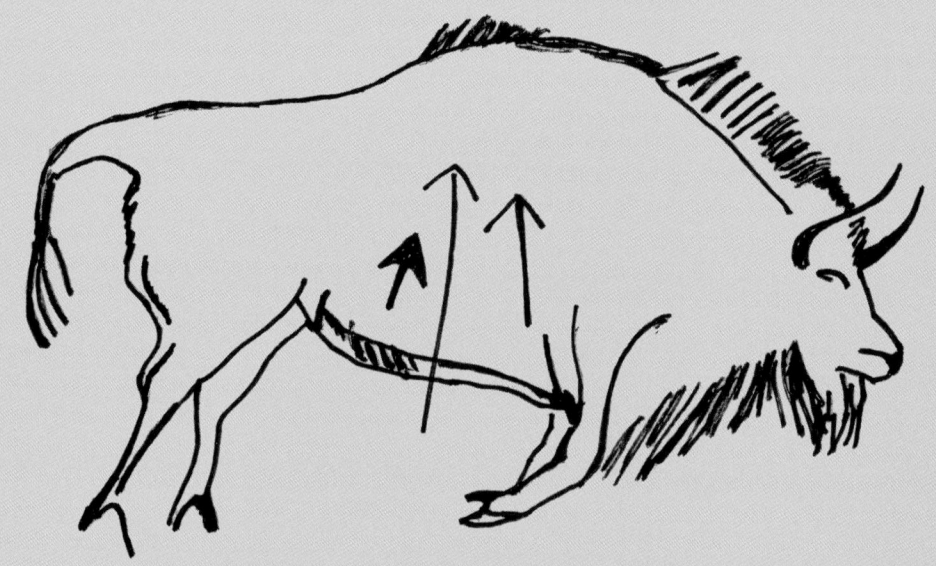

Am Lagerfeuer
der Eiszeitjäger

Jüngere Altsteinzeit (Jungpaläolithikum)
ca. 35 000–8500 v. Chr.

Klima geprägt von der letzten großen Eiszeit (Würm-Glazial), unterbrochen von wärmeren Abschnitten (Interstadialen). Zeitalter des modernen Menschen Homo sapiens sapiens (Cro-Magnon-Mensch). Während Klimamaximum (ca. 18 000 v. Chr.) weite Teile Mitteleuropas nicht besiedelt. Eisfreie Gebiete bedeckt von Tundren, Kältesteppen mit niedrigem Kräuterbewuchs, vereinzelt Vorkommen von Nadelgehölzen.

Menschen lebten als umherziehende Wildbeuter, ernährten sich von Jagd, Fischfang und Sammeln von Pflanzen, Früchten, Vogeleiern und Schalentieren. Bevorzugtes Jagdwild waren u. a. Mammut, Wollnashorn, Wisent, Bär, Saiga-Antilope, Steinbock, Wildpferd, Rentier, Rothirsch, Schneehase, Schneehuhn.

Werkzeuge und Jagdwaffen wie Lanzen, Speere, Speerschleudern, Harpunen, zum Ende der Epoche auch Pfeil und Bogen, wurden aus Stein, Holz, Knochen, Geweih und Elfenbein hergestellt. Saisonale Treibjagden auf Herdentiere unter Ausnutzung des Geländes oder von Fallgruben. Erstmalig domestizierte Hunde als Jagdgefährten.

Zubereitung der Nahrung auf offenem Feuer durch Grillen oder Braten auf Steinplatten, Erhitzen von Flüssigkeiten mit heißen Steinen in mit Tierhaut ausgekleideten Erdgruben (Tauchsiederprinzip). Konservierung von Lebensmitteln nur durch Lufttrocknen, Räuchern oder Fermentieren möglich.

Höhlenmalereien, Reliefdarstellungen und Felsgravierungen; Anfertigung von Schmuck und figürliche Verzierung von Gebrauchsgegenständen.

„Schnee"hasensuppe

1 **Hase** (ca. 1,5–2 kg mit Knochen)
20 g **Wacholderbeeren**
15 g **Beifuß** (getrocknet)
2,5–3 l **Wasser**

Da es heutzutage selbst über den Feinkosthandel fast unmöglich ist, einen Schneehasen zu bekommen, empfehlen wir die Verwendung von Hase oder Wildkaninchen.

Zubereitung: Hase bzw. Wildkaninchen in küchenfertige Teile zerlegen, gründlich waschen und zusammen mit zerdrückten Wacholderbeeren und grob gehackten Beifußblättern im geschlossenen Topf mit Wasser ca. 2 Stunden bei mittlerer Hitze köcheln. Dann die Knochen entfernen, das Fleisch klein schneiden, zurück in die Suppe geben und nochmals für 20–30 Minuten bei kleiner Flamme gar ziehen.

800 g **Lachsfilet**
200 g **Honig**

Zubereitung: Lachsfilet in ca. 3–4 cm große Würfel schneiden, auf Holzspieße ziehen und 3–4 Stunden in Honig einlegen. Steinplatten auf dem Grill stark erhitzen und darauf die Lachsspieße rundherum 6–8 Minuten braten.

Achtung: Für diese Zubereitungsart sollten ausschließlich hitzebeständige Gesteinsarten verwendet werden, am besten eignen sich Granitplatten von 2–3 cm Stärke. Wir empfehlen außerdem, sowohl die Holzspieße als auch die Steinplatten etwas einzufetten.

Lachsspieße vom heißen Stein

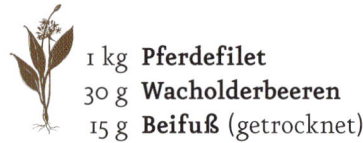

1 kg **Pferdefilet**
30 g **Wacholderbeeren**
15 g **Beifuß** (getrocknet)

Zubereitung: Das Pferdefilet abwaschen, gut trocken tupfen und in ca. 3–4 cm dicke Scheiben schneiden. Beifuß und Wacholderbeeren in einem Mörser zerdrücken und zerkleinern, dann diese Mischung in die Filetscheiben einreiben und anschließend je nach gewünschtem Garungsgrad von beiden Seiten auf dem heißen Grill braten.

Beim Pferdefleisch bitte unbedingt darauf achten, dass es gut abgehangen ist, was man an einer leichten Graufärbung des Fleisches erkennen kann.

Gegrillte Pferdefilets

Wisent-Pemmikan

600 g **mageres Wisentfleisch**
(ersatzweise Rindfleisch)
200 g **Talg**
(ersatzweise Schweineschmalz)
150 g **getrocknete Preiselbeeren**
(ersatzweise Cranberries)

Der Begriff „Pemmikan" stammt aus der
Sprache der Cree-Indianer (im Original:
„Pimikan") und bedeutet eine Mischung
aus zerstoßenem Dörrfleisch und Fett, das
als Reise- und Notproviant genutzt wurde.
Für den heutigen Geschmack empfehlen
wir die Zugabe von Salz, getrockneten
Beeren oder gehackten Nüssen.

Zubereitung: Das Fleisch quer
zur Muskelfaser in ca. 3 mm
dünne, 2–3 cm breite und 10–15 cm lange
Streifen schneiden. Auf einem Rost im
Backofen auf mittlerer Schiene bei 65–70
Grad Umluft ca. 15–16 Stunden dörren, bis
sämtliche Feuchtigkeit aus dem Fleisch
entwichen ist. Danach im Mörser oder
Mixer sehr fein zerkleinern und mit
Talg und getrockneten Beeren zu einer
homogenen Masse kneten, aus der anschließend etwa walnußgroße Bällchen
geformt werden. Die Pemmikanbällchen
müssen kühl und trocken gelagert werden, sie können sowohl roh verzehrt als
auch in der Art von Suppenwürfeln verwendet werden.

Schmackhaftes
aus Wald und Wasser

Mittelsteinzeit (Mesolithikum)
ca. 8500–5800 v. Chr.

Nacheiszeitliche Klimaerwärmung (Boreal), Abschmelzen der Gletscher und Anstieg des Meeresspiegels, Auftauen der Dauerfrostböden. Wiederbewaldung großer Flächen Mitteleuropas, zunächst mit Pioniergehölzen wie Hasel, Birke, Kiefer u.Ä., später dichte Wälder mit regional unterschiedlichen Baumarten.

Aussterben bzw. Abwanderung kälteliebender Tierarten, an deren Stelle nun standortgebundeneres Wild wie z.B. Elch, Auerochse, Braunbär, Rothirsch, Reh, Wildschwein und viele Arten von Kleinsäugern. Pirsch- und Ansitzjagd, Fischfang sowie Sammeln von Wildpflanzen und Wildfrüchten wie Sauerampfer, Brennnessel, Giersch, verschiedenen Beerenarten, Pilzen, Haselnüssen usw. In Küstennähe Jagd auf Meeressäuger und Sammeln von Muscheln.

Die Menschen zogen weiterhin als Wildbeuter umher, es kam aber auch zur Anlage saisonal gebundener Siedlungsplätze mit längerer Aufenthaltsdauer, z.B. zur Ernte von Haselnüssen, die in speziell dafür angelegten Röstgruben haltbar gemacht wurden. Erweiterung des Lebensraumes durch Begehung auch schwierig zugänglicher Gebiete wie Gebirgsregionen. Erstmalig absichtliches Niederbrennen von Waldbeständen zur Verbesserung der Jagdbedingungen, besonders auf Rehwild.

Im Bereich von Nahrungszubereitung und Konservierung von Lebensmitteln kam es zu keinen wesentlichen Veränderungen.

Perfektionierung von Werkzeugen und Waffen, Entwicklung von sog. Kompositgeräten, bei denen kleine Feuersteinabschläge (Mikrolithen) unter Verwendung von Birkenpech als Klebstoff in Schäftungen aus Holz, Geweih oder Knochen eingesetzt wurden. Erfindung des Einbaums als Wasserfahrzeug.

Rohkostsalat mit Rehfiletstreifen

100 g **Knoblauchsrauke**
100 g **Giersch**
30 g **Löwenzahn**
5 g **Gundermann**
300 g **Rehfilet**

Um den Rohkostsalat dem heutigen Geschmacksempfinden anzupassen, empfehlen wir eine Verfeinerung mit einer Vinaigrette aus Öl, Essig und Salz.

Zubereitung: Das Rehfilet in 3–4 cm dicke Streifen schneiden, auf dem Grill von allen Seiten kurz anbraten, sodass es innen noch leicht blutig bzw. rosa bleibt. Danach abkühlen lassen und in mundgerechte, kleine Stücke schneiden. Gundermann waschen und sehr fein hacken, die restlichen Kräuterblätter waschen, grob hacken und mit den Fleischstücken und Gundermann mischen.

8 **Bachforellen**
(ersatzweise Regenbogenforellen)
80 g **Knoblauchsrauke**
50 g **Wiesenkerbel**
15 g **Sauerampfer**
8 g **Löwenzahn**
Fett (z. B. Schmalz,
Menge nach Bedarf)

Damit die Haut der Forellen
beim Grillen nicht auf dem Rost
anbäckt, empfehlen wir, die Fische
in Alufolie zu verpacken oder eine
dafür geeignete, mit Fett bestrichene
Steinplatte (z. B. Granit) auf den
Rost zu legen.

Zubereitung: Wildkräuter waschen, trocken tupfen und grob hacken. Die ausgenommenen Forellen innen mit den Kräutern füllen, außen mit den übrig gebliebenen Kräutern und etwas Fett einreiben, von jeder Seite ca. 3–5 Minuten grillen.

Gegrillte Forellen
mit Wildkräutern

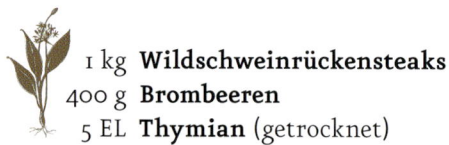

1 kg **Wildschweinrückensteaks**
400 g **Brombeeren**
5 EL **Thymian** (getrocknet)

Zubereitung: Den getrockneten Thymian möglichst fein zerrebeln und mit den zuvor zu Mus zerdrückten Brombeeren vermengen, dann die Steaks grillen und anschließend mit dem Mus bestreichen.

Für den heutigen Geschmack sollten die Wildschweinsteaks gut abgehangen sein und vor dem Grillen mit Salz gewürzt werden. Anstelle von getrocknetem Thymian kann auch frischer Thymian verwendet werden, allerdings sollten dann die Mengenverhältnisse geschmacklich angepasst werden.

Wildschweinrückensteaks
mit Brombeer-Thymian-Mus

Geröstete Haselnüsse
mit Sanddorn-Mus

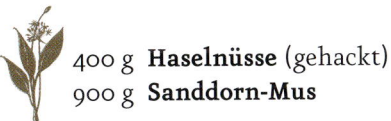 400 g **Haselnüsse** (gehackt)
900 g **Sanddorn-Mus**

Zubereitung: Gehackte Haselnusskerne in einer Pfanne ohne Fettzugabe bei mittlerer Hitze anrösten, dabei ständig wenden, damit die Nüsse nicht anbrennen. Danach abkühlen lassen und anschließend gut mit dem Sanddorn-Mus vermischen.

Sanddorn-Mus ist in Reformhäusern oder Bioläden erhältlich,
man kann es aber auch durch Zerkochen frischer Sanddornbeeren
herstellen und mit Honig verfeinern.
Sanddornbeeren enthalten neben anderen Vitaminen sehr
viel Vitamin C und sind auch sehr gut zur Saftherstellung geeignet.

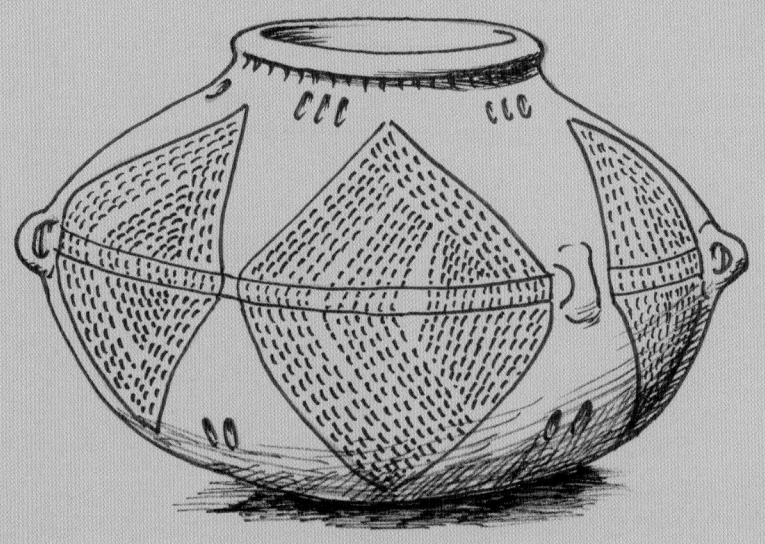

Emmer, Einkorn, Schweinespeck

Jungsteinzeit (Neolithikum)
ca. 5800–2200 v. Chr.

Klimaphase des Atlantikums, Jahresmitteltemperaturen etwa 2 Grad höher als heute, milde Winter, warme Sommer, damit verbunden hohe Luftfeuchtigkeit.
Laubwälder mit Linden, Ulmen, Eichen, Eschen etc., in Gebirgsregionen Nadelholzbestände, u. a. mit Weißtanne und Eibe. In der Fauna keine wesentlichen Veränderungen zum vorangegangenen Mesolithikum.

Aus Jägern und Sammlern wurden ganzjährig sesshafte Ackerbauern und Viehzüchter. Dieser einschneidende Wandel in den Lebens- und Wirtschaftsweisen wird als „Neolithische Revolution" bezeichnet. Die Menschen lebten in dörflichen Gemeinschaften mit dauerhaft festen Behausungen, deren Größe im Laufe der Epoche erheblich variierte.
Durch Bevölkerungswachstum, damit verbundenem Bedarf an Siedlungs- und Wirtschaftsflächen sowie an Nutzholz, kam es zu ersten Rodungen der Wälder.

Neue Nahrungsquellen durch Anbau der Kulturpflanzen Emmer, Einkorn, Dinkel, Gerste, Weizen, Hirse, Mohn, Lein, Erbsen und Linsen sowie die Zucht von Haustieren wie Schwein, Rind, Schaf und Ziege. Die Nutztiere lieferten außer Fleisch auch Milch, die zu unterschiedlichen Produkten verarbeitet wurde.
Jagd, Fischfang und Sammelwirtschaft ergänzten das Nahrungsangebot.

Die Erfindung der Keramik ermöglichte nicht nur die Zubereitung von Speisen in feuerfesten Gefäßen, sondern auch die Herstellung von Ess- und Trinkgeschirr sowie großvolumiger Vorratsgefäße. Der Ackerbau erfolgte mithilfe hölzerner Hakenpflüge, die zunächst von den Bauern selbst, später auch von Ochsen gezogen wurden. Ein Teil der Ernte wurde als Saatgut für das Folgejahr in unterirdischen Erdsilos eingelagert, der Rest zu Nahrungsmitteln verarbeitet. Auf steinernen Handschiebemühlen konnte Getreide zu Mehl gemahlen werden, aus dem in oberirdisch oder unterirdisch angelegten Kuppelbacköfen Brot gebacken wurde.

Erbsensuppe mit Schweinenacken und Minze

300 g **grüne Schälerbsen**
500 g **Schweinenacken** (am Stück)
200 g **Sellerie**
200 g **Lauch**
1–2 TL **Minze** (getrocknet)
4–5 EL **Apfelessig**
1,5 l **Fleischbrühe**

Zubereitung: Die Schälerbsen zusammen mit fein gewürfelter Sellerie in der Fleischbrühe bei mittlerer Hitze ca. 45 Minuten kochen, danach den Schweinenacken am Stück hinzugeben und weitere 35–40 Minuten gar kochen. Anschließend das Fleisch aus dem Topf nehmen, in mundgerechte Stücke schneiden. Den Sud aus Erbsen und Sellerie pürieren, mit Apfelessig und Minze abschmecken. Dann das in Würfel geschnittene Schweinefleisch unterheben und auf kleiner Flamme 5–6 Minuten im geschlossenen Topf ziehen lassen.

Schälerbsen müssen vor dem Kochen nicht eingeweicht werden. Wie andere Hülsenfrüchte auch, enthalten sie viel pflanzliches Eiweiß und haben damit einen hohen ernährungsphysiologischen Wert.

450 g **Rauke** (Rucola)
600 g **Räucherlachs**
50 g **Brunnenkresse**
    (ersatzweise Gartenkresse)
100 g **Haselnüsse** (gehackt)
0,2 l **Leinöl**
0,15 l **Apfelessig**

Zubereitung: Rauke waschen, dickere Stielenden entfernen und grob hacken. Räucherlachs in schmale Streifen schneiden und zusammen mit Haselnüssen unter die Rauke heben.

Aus fein gehackter Kresse, Leinöl und Apfelessig ein Dressing herstellen und mit dem Salat vermengen, abschließend ca. 5 Minuten ziehen lassen.

Der Geschmack von Leinöl ist für moderne Gaumen etwas gewöhnungsbedürftig. Leinöl kann bei längerem Kontakt mit der Luft ranzig werden. Als Alternative empfehlen wir Raps- oder Olivenöl.

Raukesalat mit Räucherlachs

Bärlauch sollte möglichst nur frisch verwendet werden. Falls dies nicht möglich ist, kann man auch gefriergetrockneten Bärlauch oder (in reduzierter Menge) Knoblauch verwenden.

1 kg	**Rindergulasch**
700 g	**braune Champignons**
75 g	**Schweineschmalz**
150 g	**Butter**
200 g	**Bärlauch**
350 g	**Sauerrahm**
0,7–0,8 l	**Fleischbrühe**

Zubereitung: Das in etwa 2–3 cm große Würfel geschnittene Fleisch in Schmalz scharf anbraten, mit warmer Brühe ablöschen und in einem geschlossenen Topf bei mittlerer Temperatur ca. 40 Minuten schmoren. Die Pilze säubern, in Scheiben schneiden und in Butter bräunen, dann zum Rindergulasch geben und garen lassen. Bei Bedarf muss zusätzlich Brühe angegossen werden. Nach einer Garzeit von insgesamt etwa 50–60 Minuten den zuvor grob gehackten Bärlauch und Sauerrahm hinzugeben und für weitere 5 Minuten im offenen Topf einreduzieren.

Rindergulasch mit Champignons in Bärlauchrahm

Süße Hirse mit Dörräpfeln

350 g **Hirse**
125 g **Dörräpfel** (entspricht ca. 700 g frischen Äpfeln)
100 g **Haselnüsse** (gehackt)
1,2–1,3 l **naturtrüber Apfelsaft**
0,5 l **Wasser**
Honig (nach Geschmack)
Salz (nach Geschmack)

Kochen mit Hirse ist problematisch, sie quillt sehr stark auf und sollte daher nur in großvolumigen Töpfen zubereitet werden. Je nach Sorte sind die Garzeiten, wie bei anderen Getreidesorten auch, sehr unterschiedlich.

Zubereitung: Die gedörrten Apfelscheiben in Stücke von etwa der Größe eines Daumennagels schneiden und 3–4 Stunden in lauwarmem Wasser einweichen. Die Hirse gut waschen, in einem Sieb abtropfen lassen und zusammen mit den Haselnüssen in Apfelsaft ungefähr 10 Minuten bei mittlerer Hitze aufkochen. Danach die Apfelstücke unterheben, so lange ruhen und quellen lassen, bis die Hirse weich und flockig ist, falls erforderlich, mit Wasser oder Apfelsaft angießen und nochmals aufkochen. Vor dem Servieren mit Honig und Salz abschmecken.

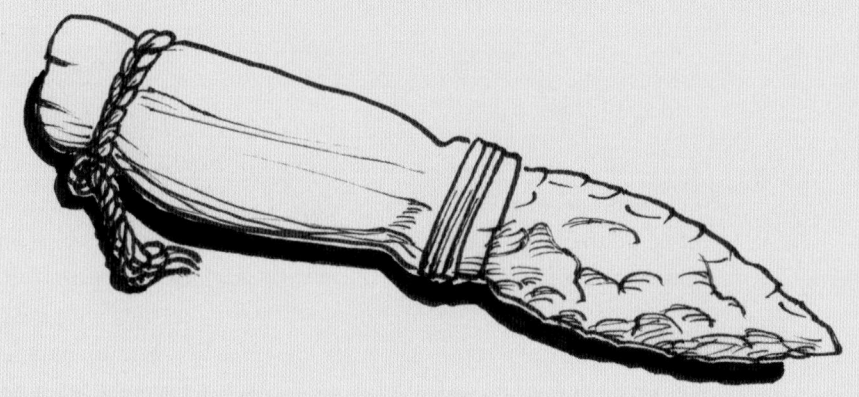

Ein Blick in

Ötzis Kochtopf

Kupfersteinzeit (Chalkolithikum)
ca. 3800–2200 v. Chr.

Die Kupfersteinzeit ist gekennzeichnet durch das erstmalige Aufkommen von Gegenständen und Gerätschaften aus Kupfer. Aufgrund der regional unterschiedlichen Verfügbarkeit von Kupfererzen ist eine wirklich klare Eingrenzung dieser Übergangsphase zwischen später Jungsteinzeit und früher Bronzezeit nicht möglich.

Klimaphase des Subboreals, mehrfach Schwankungen zwischen kühl-feuchten und warm-trockenen Abschnitten. Die geringen Veränderungen in Flora und Fauna waren weniger klimatisch bedingt, sondern fanden ihre Ursache darin, dass die bäuerliche Wirtschaftsweise ihren Schwerpunkt vom Ackerbau zur Viehzucht verlagerte. In einigen Regionen wurde verstärkt Waldweide, sogar auch Almwirtschaft betrieben und damit die Vegetation beeinflusst. Die Ernährungsgrundlagen bildeten nach wie vor die Erträge der Landwirtschaft, ergänzt durch Jagd, Fischfang und Sammeln von Wildpflanzen, Wildfrüchten, Pilzen, Muscheln usw.

Wichtige Erkenntnisse zu dieser Epoche lieferte im Jahr 1991 die Entdeckung einer Gletschermumie, die nach ihrem Fundort in den Ötztaler Alpen als „Ötzi" bekannt wurde. Durch die Einlagerung im Eis war nicht nur der Körper des etwa 40-jährigen Mannes nahezu unversehrt erhalten, sondern auch ein Großteil seiner Bekleidung und zahlreicher Ausrüstungsgegenstände. Erstmalig im archäologischen Zusammenhang überliefert ist ein vollständiges, geschäftetes Kupferbeil, das eine Datierung des Fundes in die Zeit um ca. 3200 v. Chr. ermöglicht. Pathologische und naturwissenschaftliche Analysen des Magen-Darm-Traktes ergaben, dass der Mann in den letzten Stunden vor seinem Tod eine Mahlzeit aus Rothirsch- und Steinbockfleisch sowie Einkorn zu sich genommen hatte. Weitere Untersuchungen haben ergeben, dass „Ötzi" durch einen Pfeilschuss in den Rücken zu Tode kam. Aus gerichtsmedizinischer Sicht liegt hiermit eines der ältesten nachweisbaren Tötungsdelikte vor, wobei über Motiv bzw. Ursachen nur spekuliert werden kann.

Linsensalat
mit Räucherfisch

350 g **Linsen** (getrocknet)
400 g **Räucherfisch**
  (Aal, Lachs, Forelle o. Ä.)
  1 l **Wasser**
0,2 l **Leinöl**
0,2 l **Apfelessig**
  2 TL **Salz**

Zubereitung: Die Linsen ca. 30 Minuten in Wasser kochen, darauf achten, dass sie bissfest bleiben, danach abkühlen lassen, evtl. restliches Kochwasser abgießen. Den geräucherten Fisch in mundgerechte Stücke schneiden, unter die Linsen ziehen und mit den restlichen Zutaten abschmecken.

Getrocknete Linsen können, abhängig vom Produkt, unterschiedliche Kochzeiten haben, deswegen unbedingt die Zubereitungshinweise auf der Verpackung beachten.

300 g **Giersch**
300 g **Wiesenbärenklau**
100 g **Beinwell**
50 g **Löwenzahn**
300 g **Speckwürfel**
450 g **Ziegenweichkäse**
500 g **Sauerrahm**
20 g **Butter**
1 l **Fleischbrühe**

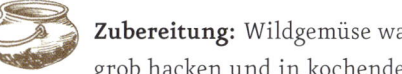

Zubereitung: Wildgemüse waschen, grob hacken und in kochender Fleischbrühe bei niedriger Temperatur zusammen mit den Speckwürfeln 3–4 Minuten angaren, danach die überschüssige Brühe abgießen. Das Gemüse in eine mit Butter gefettete, feuerfeste Form geben, Schmand und zerbröckelten Ziegenkäse unterziehen und im vorgeheizten Backofen bei 200 Grad auf mittlerer Schiene 25–30 Minuten fertig garen.

Wildgemüseauflauf mit Ziegenkäse und Speck

1 kg **Hirschragout**
(aus der Keule)
400 g **Pfifferlinge**
150 g **Butterschmalz**
200 g **Sauerrahm**
0,2–0,4 l **Wildfond**
Salz
(Menge nach Bedarf)

Pfifferlinge sollten, wie viele andere
Pilzsorten auch, zunächst einmal
mit einer trockenen (Zahn-)Bürste
von groben Verunreinigungen befreit
und danach kurz unter fließendem
Wasser gesäubert werden.

Zubereitung: Hirschfleisch in ca. 2–3 cm große Würfel schneiden, in heißem Butterschmalz scharf anbraten, dann mit Fond angießen und in geschlossenem Topf bei mittlerer Temperatur ca. 70 Minuten köcheln lassen. Die Pfifferlinge gut säubern, in Stückchen schneiden und zusammen mit dem Sauerrahm zum Ragout geben, für weitere 10 Minuten fortgaren und zum Schluss mit Salz abschmecken.

Hirschragout in Pfifferling-Rahmsoße

Hagebutten-
Schlehen-Mus

Schlehen sollten erst nach dem ersten Frost geerntet oder für einige
Tage tiefgekühlt werden, weil sie sonst zu bitter sind. Da sie sich nur
recht mühsam entsteinen lassen, kann man eventuell auf diese Prozedur
verzichten, sollte dann allerdings beim Verzehr darauf achten, die
Fruchtsteine nicht zu verschlucken.

200 g **Hagebutten**
(getrocknet)
500 g **Schlehen**
200 g **Honig**
20 g **Holunderblüten**
(getrocknet)
0,7–0,8 l **Wasser**

Zubereitung: Die getrockneten Hagebuttenscha-
len ca. 1 Stunde in Wasser einweichen, danach die
entsteinten Schlehen hinzugeben und 15–20 Minuten im
offenen Topf kochen, dann die zerrebelten Holunderblüten
unterziehen und bei niedriger Temperatur im geschlossenen Topf ziehen lassen. Das Mus kann sowohl kalt als
auch warm verzehrt werden, es eignet sich darüber hinaus
hervorragend als Brotaufstrich oder als Beilage zu Fleisch.

Der Hunger
der Bronzegießer

Bronzezeit
ca. 2200–800 v. Chr.

In dieser Epoche stellte man erstmals durch die Legierung von dem schon seit Ende der Jungsteinzeit bekannten Rohstoff Kupfer mit Zinn das Buntmetall Bronze her. Die klimatischen Bedingungen waren weiterhin durch den Wechsel von trockeneren, warmen und feuchteren, kalten Phasen geprägt. Zunächst waren große Teile der Landschaft von dichten, naturnahen Wäldern bedeckt, was auf einen zeitweiligen Rückgang der Siedlungstätigkeit schließen lässt. In der jüngeren Bronzezeit änderte sich dies durch großflächige Rodungen, die der Gewinnung von Siedlungs- und Wirtschaftsflächen sowie von Nutzholz dienten. Hierdurch kam es zumindest regional auch zu Veränderungen im Bereich von Flora und Fauna.

Auf den Feldern wurden die bereits seit der Jungsteinzeit bekannten Kulturpflanzen angebaut. Neu hinzu kamen Hafer, Leindotter und Ackerbohne, heute auch bekannt als „Dicke Bohne". Diese einzige Bohnenart der Alten Welt tauchte fast unvermittelt auf und wurde in nur etwa 500 Jahren zu einem der wichtigsten Kohlehydratlieferanten. Im Zusammenhang mit der steigenden Bevölkerungsdichte konnte man Notzeiten am ehesten durch den Anbau solcher Pflanzen begegnen; die Bedeutung der Hülsenfrüchte gegenüber den Getreidearten stieg deutlich an. Das Spektrum der Haus- und Nutztierarten wurde durch eine wichtige erweitert: das Pferd. Es übernahm das Ziehen von Wagen und steigerte als Reittier die menschliche Mobilität. Auch sein Fleisch wurde nicht verschmäht. Nach wie vor wurde der Speiseplan durch die Erträge aus Jagd, Fischfang und Sammelwirtschaft ergänzt.

Die Möglichkeiten der Nahrungszubereitung wurden durch die nun vermehrt vorhandenen Bronzegefäße verbessert, die strapazierfähiger als das Keramikgeschirr waren. Durch die Entwicklung oberirdischer, hölzerner Speicherbauten konnten Vorräte besser vor Schädlingen wie z. B. Mäusen geschützt werden. In der Haltbarmachung von Fleisch und Fisch kam gegen Ende der Bronzezeit vermehrt Salz zum Einsatz, das nicht mehr nur aus Sole gewonnen, sondern auch bergmännisch abgebaut wurde. Salz als Konservierungs- und Lebensmittel war hoch begehrt. Die große Nachfrage sorgte für einen intensivierten Handel, auf dessen Routen auch weitere Güter transportiert wurden. Entlang dieser Verkehrswege entstanden an strategisch günstigen Orten erste burgähnliche Befestigungsanlagen, die der Verteidigung des zunehmenden Besitzstandes dienten und Keimzellen einer sich nun entwickelnden Oberschicht waren.

Dinkelsuppe mit Bohnen und Dost

250 g **Dinkel**
250 g **Ackerbohnen** (ersatzweise weiße Bohnen)
175 g **Lauch**
100 g **Speckwürfel**
10 g **Dost** (getrocknet)
0,8 l **Fleischbrühe**
2 EL **Apfelessig**
1–2 TL **Salz**
Wasser (Menge nach Bedarf)

Anstelle von Dost kann auch der allgemein als Pizzagewürz bekannte Oregano verwendet werden.

Zubereitung: Fleischbrühe aufkochen, abkühlen lassen, Bohnen und Dinkel zugeben und für etwa 12 Stunden einweichen lassen. Anschließend für 30 Minuten bei mittlerer Hitze aufkochen, dann den fein gehackten Dost und den gewürfelten Speck unterziehen und weitere 30 Minuten köcheln lassen, bei Bedarf mit Wasser auffüllen. Danach den in feine Ringe geschnittenen Lauch hinzugeben, mit Salz und Apfelessig abschmecken und noch 2–3 Minuten bei niedriger Temperatur ziehen lassen.

4 große **Zanderfilets**
(ca. 1,2 kg)
350 g **Giersch**
80 g **Butter**
100 g **Butterschmalz**
100 g **Haselnüsse** (gehackt)
1 l **Wasser**
Salz
(Menge nach Bedarf)

Zubereitung: Die Blätter vom Giersch waschen, grob hacken und in ca. 1 l Wasser etwa 30 Minuten bei mittlerer Temperatur gar kochen. In der Zwischenzeit die gehackten Haselnüsse in einer Pfanne ohne Fett anrösten. Das Kochwasser abgießen und die gerösteten Haselnüsse zusammen mit der Butter unter den Giersch mischen, nach Geschmack salzen, dann warm stellen. Zanderfilets auf der Hautseite über Kreuz leicht einschneiden, auf beiden Seiten salzen und in heißem Butterschmalz auf der Hautseite goldbraun anbraten, kurz vor Ende der Garzeit (Fisch sollte noch glasig sein) umdrehen und auf der Fleischseite ganz kurz anbräunen. Die gebratenen Zanderfilets anschließend auf dem Gierschgemüse anrichten.

Gebratener Zander auf Giersch mit Haselnüssen

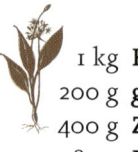

1 kg **Rinderrouladen**
200 g **geräucherter Schinken**
400 g **Ziegenweichkäse**
80 g **Bärlauch**
50 g **Butter**
100 g **Butterschmalz**
1 l **Fleischbrühe**

Zubereitung: Bärlauch fein hacken und mit handwarmer Butter verkneten. Die Rouladen flachklopfen, auf einer Seite mit der Bärlauchbutter bestreichen, darüber Schinkenscheiben und in dünne Scheiben geschnittenen Ziegenkäse legen. Dann die Rouladen aufrollen und mit Küchengarn zusammenbinden. Butterschmalz in einem flachen Bräter erhitzen und darin die Rouladen rundherum scharf anbraten, bis sie schön gebräunt sind. Anschließend mit Fleischbrühe angießen und im geschlossenen Bräter bei mittlerer Hitze in ca. 40 Minuten gar ziehen, die Rouladen dabei öfters wenden.

Rinderrouladen mit Bärlauch und Ziegenkäse

Dinkelgrütze mit Heidelbeeren

 400 g **Dinkel**
300 g **Heidelbeeren**
0,3 l **Buttermilch**
1,5 l **Wasser**

Zubereitung: Den Dinkel ca. 1 Stunde in Wasser kochen, darauf achten, dass er nicht zu weich wird, sondern „al dente" bleibt. Abkühlen lassen, das restliche Kochwasser abgießen, dann die Buttermilch und die Heidelbeeren unterziehen.

Heidelbeeren enthalten u. a. Provitamin A, Vitamin B, PP und C.
Sie eignen sich auch hervorragend zur Saftherstellung und
getrocknet als Zugabe zu Pemmikan (siehe Rezept Wisent-Pemmikan).

Keltische

Kochbarkeiten

Vorrömische Eisenzeit

ca. 800 v. Chr. – Christi Geburt

Die Benennung dieser Epoche ergibt sich daraus, dass ein neues Metall – das Eisen – vorzugsweise verwendet wurde. Frühe schriftliche Aufzeichnungen der Griechen bezeichnen die meisten Volksstämme Mitteleuropas grob zusammenfassend als „keltoi", weshalb man diesen Zeitabschnitt auch „Keltisches Jahrtausend" nennt.

Beginn der Klimaphase des Subatlantikums, Sommer kühler und feuchter, aber milde Winter. Weiterer Rückgang der Bewaldung, häufigste Laubbäume Eichen und Buchen, regionale Nadelholzbestände.

Grundlagen der Ernährung wurden weiterhin von Ackerbau und Viehzucht, ergänzt durch Sammelwirtschaft gebildet. Jagd und Fischfang waren eher unbedeutend, zumal in der näheren Umgebung der Siedlungen die Jagd durch Abholzung der Wälder kaum noch möglich war. Als neue Kulturpflanzen wurden Roggen und Möhre angebaut, als neues Nutztier kam das Huhn hinzu, das außer Fleisch auch Eier lieferte. Durch die Entwicklung hoch spezialisierter Pflüge mit eiserner Pflugschar und landwirtschaftlicher Gerätschaften aus Eisen wurde der Ackerbau wesentlich effektiver. Dies gilt auch für den Einsatz steinerner Rundmühlen, mit denen die sechsfache Menge Mehl produziert werden konnte, wie zuvor in gleicher Zeit mit einfachen Handschiebemühlen.

Viele der zuvor aus anderen Materialien hergestellten Küchenutensilien wurden nun aus den sich immer weiter verbreitenden Werkstoffen Bronze und Eisen gefertigt, was die Zubereitung von Speisen vereinfachte.

Neben Einzelgehöften und Dörfern wurden vermehrt befestigte stadtähnliche Siedlungen (oppida) und Adelssitze auf Höhenburgen angelegt, die sich zu wichtigen Handelszentren entwickelten. Das Fernhandelsnetz wurde erheblich erweitert, was auch den Import von Waren und Lebensmitteln aus dem Mittelmeerraum, z. B. Wein und Olivenöl, beförderte. Der Reichtum bestimmter Gruppen nahm stetig zu, es etablierte sich eine regelrechte Adelsschicht.

Möhrensuppe mit Kümmel und Speck

800 g **Möhren**
3 EL **Kümmel** (gemahlen)
100 g **Speckwürfel**
40 g **Petersilie**
1,2 l **Fleischbrühe**
2 EL **Apfelessig**
1 TL **Salz**

Zubereitung: Möhren schälen, in Scheiben schneiden und zusammen mit dem Kümmel ca. 20 Minuten in der Brühe kochen. Anschließend mit einem Sieblöffel etwa ein Viertel der Möhren abschöpfen und beiseite stellen, das restliche Gemüse pürieren. Dann die Speckwürfel kross anbraten, zusammen mit den gegarten Möhrenscheiben zur Suppe geben, mit fein gehackter Petersilie, Apfelessig und Salz würzen und nochmals für 2–3 Minuten erhitzen.

1 kg **Hähnchenbrust**

30 g **Wiesensalbei**
(ersatzweise Salbei)

100 g **Butterschmalz**

600 g **Sahne**

1 TL **Salz**

Zubereitung: Hähnchenbrust waschen, trocken tupfen und in Streifen von 2–3 cm Länge schneiden, dann in heißem Butterschmalz scharf anbraten. Salbei waschen, grob hacken und zusammen mit der Sahne zum Hähnchengeschnetzelten geben. Anschließend alles für ca. 15 Minuten bei mittlerer Temperatur einköcheln und mit Salz abschmecken.

Die getrockneten Blätter vom Wiesensalbei können auch als Würzmittel für Wein oder Bier verwendet werden.

Hähnchengeschnetzeltes
in Salbei-Sahnesoße

1 kg **Lammlachse**
80 g **Bärlauch**
80 g **Semmelbrösel**
70 g **Butter**
180 g **Butterschmalz**
Salz (Menge nach Bedarf)

Zubereitung: Aus fein gehacktem Bärlauch, Semmelbröseln und Butter eine geschmeidige Masse kneten. Die Lammlachse in heißem Butterschmalz von beiden Seiten jeweils ca. 1–2 Minuten scharf anbraten, salzen und dann auf ein gefettetes Backblech legen. Die Oberseite der Lammlachse dünn mit der Bärlauchmasse einstreichen und im gut vorgeheizten Backofen auf mittlerer Schiene bei 200 Grad etwa 6 Minuten fertig garen.

Als Ersatz für frischen Bärlauch eignet sich auch gefriergetrockneter Bärlauch.

Lammlachse mit Bärlauchkruste

Honigquark
mit Rosinen

1 kg **Quark**
130 g **Honig**
170 g **Rosinen**

Zubereitung: Honig in Quark gut einrühren, die Rosinen grob hacken und unterziehen, möglichst gekühlt servieren.

Rosinen, also getrocknete Weintrauben, sind durch neue archäologische Funde in mehreren keltischen Siedlungen nachgewiesen und standen damit sicherlich auch auf dem damaligen Speisenplan.

Culinaria Romana

Römische Kaiserzeit
ca. 1. Jh. – 4. Jh. n. Chr.

Die klimatischen Bedingungen dieser Epoche sind halbwegs mit den heutigen vergleichbar. Allerdings führten massive Eingriffe in die Natur und rücksichtslose Ausbeutung von Rohstoffquellen zu nachhaltiger Veränderung des Landschaftsbildes. Es kam zu vermehrter Bodenerosion bis hin zur Verkarstung ganzer Landstriche Mitteleuropas. Die Bevölkerungsdichte nahm zu, zwangsläufig musste die Produktion von Nahrungsmitteln gesteigert werden, um die wachsenden Bedürfnisse zu befriedigen.

Das Spektrum der bereits vorhandenen Kulturpflanzen wurde durch Importe aus dem Mittelmeerraum erheblich erweitert, dazu zählen u. a. die Gemüsesorten Amarant, Pastinake, Portulak und Gartenkresse, die Würzpflanzen Dill, Bohnenkraut und Koriander, die Kulturobstarten Apfel, Birne, Kirsche, Pflaume, Zwetschge, Maulbeere und Weinrebe, außerdem Walnuss und Esskastanie. Aus Kleinasien wurden die Wildtierarten Kaninchen und Damhirsch eingeführt.

Nun entstanden groß dimensionierte, regelrechte Agrarbetriebe (villae rusticae), welche die umliegenden Siedlungen, Städte und Militärstützpunkte versorgten. Der Haustierbestand dieser Gutshöfe setzte sich zusammen aus Rindern, Schweinen, Schafen, Ziegen, Pferden, Hühnern, Gänsen, Fasanen, Tauben, Pfauen, Hunden und anderem Nutzvieh.

Neben der Jagd trat auch der Fischfang immer weiter in den Hintergrund, da Fische und Muscheln, speziell Austern, bereits in dafür künstlich angelegten Teichen und Becken gezüchtet wurden. Auf das Sammeln von Wildhonig war man durch die Entwicklung der Imkerei ebenfalls nicht länger angewiesen.

Die Zubereitung von Lebensmitteln beschränkte sich nicht mehr nur auf den einzelnen Haushalt, sondern es entstanden öffentliche Garküchen und Gasthäuser (tavernae). Erstmalig liefern reichhaltige schriftliche Quellen Hinweise zur Herstellung und Verarbeitung von Nahrungsmitteln; hierzu zählen vor allem die Kochbücher römischer Autoren wie Apicius, Lucullus, Columella, Petronius u. a. Die für deren raffinierte Rezepturen erforderlichen Zutaten wie z. B. Reis, Datteln, Mandeln, Pinienkernen oder Gewürzen wie Pfeffer lieferte der hervorragend organisierte Fernhandel. Die Berichte über opulente Gastmähler der Reichen standen allerdings im krassen Gegensatz zur Ernährung des Hauptteils der Bevölkerung, die nach wie vor auf einfache Kost angewiesen war.

Zucchini in Kreuzkümmelsoße mit Ziegenkäse

 4 mittelgroße **Zucchini**
150 g **Ziegenweichkäse**
10–12 EL **Olivenöl**
3 EL **Liquamen**
(ersatzweise thailändische
Fischsoße)
3 EL **Weinessig**
2 EL **Honig**
60 g **Pinienkerne**
2 TL **schwarzer Pfeffer** (Körner)
2 TL **Liebstöckel** (getrocknet)
4 TL **Kreuzkümmel** (getrocknet)
4 TL **Koriander** (Körner)
2 TL **Minze** (getrocknet)
1–2 TL **Salz**
0,5 l **Wasser**

 **Zubereitung:** Pinienkerne in einer Pfanne ohne Fettzugabe anrösten, im Mörser zerkleinerte Gewürze, Wasser, Honig, Liquamen und Weinessig hinzugeben, aufkochen und auf etwa zwei Drittel einreduzieren. Die Zucchini waschen, in Scheiben schneiden und in Olivenöl gar dünsten, dabei darauf achten, dass sie bissfest bleiben. Kurz vor Ende der Garzeit gewürfelten Ziegenkäse und die Soße unterziehen.

1 kg **Thunfisch**
200 g **Datteln**
6 EL **Olivenöl**
3 TL **Liebstöckel** (getrocknet)
3 TL **schwarzer Pfeffer** (gemahlen)
2 TL **Salz**
10 g **Rosmarin**
5 g **Minze**
0,6 l **Weißwein** (trocken)

Zubereitung: Datteln in mundgerechte Stücke schneiden, in Olivenöl kurz anbraten, mit Wein ablöschen, Minze und Rosmarin grob hacken und mit den restlichen Gewürzen hinzufügen, dann bei mittlerer Hitze etwa 20–30 Minuten reduzieren. Thunfisch abwaschen, trocken tupfen, in 2–3 cm starke Scheiben schneiden, die auf beiden Seiten gesalzen und gepfeffert werden. Dann den Fisch auf dem Grill von beiden Seiten 3–5 Minuten braten, dabei darauf achten, dass er innen noch glasig bleibt. Anschließend zusammen mit der heißen Soße servieren.

Gegrillter Thunfisch
mit Dattelsoße

1 kg	**Schweinegulasch**
350 g	**Aprikosen**
2	**Zwiebeln**
2 TL	**schwarzer Pfeffer** (Körner)
2 TL	**Koriander** (Körner)
2 TL	**Kreuzkümmel** (getrocknet)
2 TL	**Salz**
8–10 EL	**Olivenöl**
2 EL	**Liquamen** (ersatzweise thailändische Fischsoße)
3 EL	**Weinessig**
0,25 l	**Weißwein** (trocken)
0,1 l	**Passum**
2 EL	**Honig**

Zubereitung: Schweinefleisch in ca. 3–4 cm große Würfel schneiden, in Olivenöl scharf anbraten und mit Wein, Liquamen und Passum ablöschen. Fein gehackte Zwiebeln und im Mörser zerkleinerte Gewürze hinzugeben, etwa 90 Minuten bei mittlerer Hitze im offenen Topf kochen, dann die zuvor entsteinten, in Viertel zerteilten Aprikosen darunterziehen, weitere 10–15 Minuten fertig kochen und abschließend mit Honig und Salz abschmecken.

Zur Herstellung von Passum mischt man 2 Teile Rotwein mit 1 Teil Rosinen, lässt diese Mischung mindestens 3–4 Tage ziehen und püriert sie anschließend.

Schweinegulasch mit
Aprikosen

Zimtquark mit Walnüssen

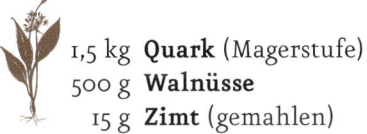

1,5 kg **Quark** (Magerstufe)
500 g **Walnüsse**
15 g **Zimt** (gemahlen)

Zubereitung: Die geschälten Walnüsse in kleine Stücke brechen, den Quark mit Zimt verrühren und danach die Walnussstücke unterziehen, möglichst kalt servieren.

Die Walnuss war in vorrömischer Zeit nördlich der Alpen nicht heimisch, sondern wurde erst durch die Römer als Kulturpflanze in diese Regionen gebracht. Dank weitreichender römischer Handelsbeziehungen konnten auch exotische Gewürze wie Zimt über die Mittelmeerländer importiert und in der Küche verwendet werden.

Speisen bei
wandernden Völkern

Völkerwanderungszeit
ca. 4. Jh. – 5. Jh. n. Chr.

Durch Klimaveränderungen in Form längerer Dürreperioden in Zentralasien kam es in dieser Epoche vermehrt zu Einfällen von sog. Reiternomaden (Hunnen u. a.) in Mitteleuropa. Dies führte zu einer teilweisen Verdrängung der dort ansässigen Bevölkerung, die nun ihrerseits versuchte, sich fremde Lebensräume anzueignen. Ihr Entschluss zum Aufbruch wurde sicherlich auch dadurch beeinflusst, dass sie selbst zu dieser Zeit unter witterungsbedingten Missernten zu leiden hatten.

Nach dem Zusammenbruch der großflächigen römischen Landwirtschaft setzte eine Wiederbewaldung der Freiflächen ein, was der Rückkehr zu germanisch orientierten Lebens- und Wirtschaftsweisen Vorschub leistete. Der Anbau von Feldfrüchten und Obst ging stark zurück. Im Vordergrund standen nun die Viehzucht sowie die Getreidearten Roggen, Gerste und Hafer. Unter diesen Umständen erlangten die Jagd, vor allem auf Rothirsch, Wildschwein, Reh, Hase, Biber oder Wildgeflügel sowie der Fischfang und die Sammelwirtschaft erneute Bedeutung. Das Leben wurde vorwiegend geprägt durch landwirtschaftliche Selbstversorgung, ortsgebundenes Kleingewerbe und lokalen Handel. Durch das Ausbleiben von Importwaren änderte sich der Geschmack bei der Speisenzubereitung erheblich. Die verringerte Auswahl an Lebensmitteln, vor allem an Gewürzen, bedingte eine vereinfachte, viel monotonere Küche als in der römischen Kaiserzeit. Brot, Getreidebrei und Eintopfgerichte dürften den Großteil der Mahlzeiten gestellt haben.

Sicherlich gab es auch zu dieser Zeit Menschen, die sich aufgrund ihres Standes besser ernähren konnten, was sich in Funden hochwertigen Tafelgeschirrs, meist spätrömischer Herkunft, spiegelt. Für das gemeine Volk reduzierte sich die Auswahl an Haushaltsgeräten allerdings auf einfachere Gegenstände, die vorwiegend aus Holz oder Keramik hergestellt wurden.

Bärlauch-Giersch-Suppe
mit Räucherspeck

300 g **Giersch**
150 g **Bärlauch**
150 g **geräucherter Speck**
1,2 l **Fleischbrühe**

Zubereitung: Giersch- und
Bärlauchblätter grob hacken,
den Speck in feine Würfel schneiden
und alles zusammen in der Fleischbrühe bei mittlerer Temperatur in
30–35 Minuten gar kochen.

Giersch enthält sehr viele wichtige
Vitamine und ist völlig zu Unrecht
als „Unkraut" gefürchtet.
Er lässt sich auf vielfältige Art und
Weise zubereiten, deshalb unser Tipp
an alle gefrusteten Kleingärtner:
Lieber aufessen als sinnlos ausrotten!

1 kg **Welsfilet**
400 g **Buchweizen**
2 **Birnen**
50 g **Dill**
3 TL **Salz**
200 g **Butterschmalz**
0,8 l **Wasser**

Zubereitung: Buchweizen in heißem Butterschmalz goldgelb anbraten, mit kochendem Wasser angießen, fein gehackten Dill und Salz hinzugeben. Die Birnen vierteln, Kerngehäuse entfernen, in kleine Würfel schneiden, unter den Buchweizen ziehen und bei geringer Hitze in geschlossenem Topf in 15–20 Minuten garen. Die Welsfilets säubern, salzen und auf einem gefetteten Blech im auf 220 Grad vorgeheizten Backofen auf mittlerer Schiene etwa 10 Minuten garen, danach auf dem Buchweizenrisotto anrichten.

Welsfilet auf
Buchweizen-Birnen-Risotto

1 kg **Kalbsschnitzel** (8 Stück)
35 g **Waldmeister**
500 g **Sauerrahm**
2 TL **Salz**

Zubereitung: Blätter vom Waldmeister waschen, trocken tupfen und fein hacken, danach im Sauerrahm bei niedriger Temperatur ca. 10 Minuten garen. Die Kalbsschnitzel auf beiden Seiten salzen, auf einem Grill unter mehrfachem

Waldmeister enthält den Wirkstoff Cumarin und kann, in zu großen Mengen genossen, Kopfschmerzen und Übelkeit verursachen. Entgegen vorherrschender Meinung können die Blätter auch während und nach der Blüte, auch getrocknet, verwendet werden.

Gegrillte Kalbsschnitzel in Waldmeister-Sauerrahmsoße

Walderdbeeren
an Sauerrahm

1 kg **Walderdbeeren**
(ersatzweise Erdbeeren)
800 g **Sauerrahm**
Salz

Zubereitung: Walderdbeeren gründlich säubern, halbieren und mit dem Sauerrahm mischen, je nach Geschmack eine kleine Prise Salz zugeben, dann für ca. 10 Minuten kühl stellen, nochmals durchrühren und möglichst kalt servieren.

Walderdbeeren, wie auch andere Wildbeeren können durch die Eier des Fuchsbandwurmes kontaminiert sein, deshalb raten wir zur Vorsicht und empfehlen die Verwendung gezüchteter Früchte, die allerdings leider nicht so schmackhaft sind.

Zu Tisch bei
Karl dem Großen

Frühmittelalter
ca. 6. Jh. – 9. Jh. n. Chr.

In den ersten Jahrhunderten dieser Epoche lassen sich, abgesehen von regionalen Schwankungen, keine gravierenden Klimaveränderungen nachweisen. Im 8.–9. Jh. n. Chr. stiegen die Jahresmitteltemperaturen aber deutlich an, dadurch wurde es trockener. Diese Phase wird als „Mittelalterliches Klimaoptimum" bezeichnet. Gleichzeitig kam es in Europa aber auch oft zu Sturmfluten, welche die Bewohner küstennaher Gebiete, vor allem an der Nordsee, zwangen, ihre Höfe auf künstlich erhöhten Wohnhügeln, den sog. Wurten anzulegen, die z. T. heute noch existieren.

Das frühmittelalterliche, insbesondere das fränkische Wirtschaftssystem war durch eine klare Trennung von Ackerflächen, Grünland, Heide und Wäldern geprägt, wobei die meisten Waldgebiete nicht landwirtschaftlich genutzt wurden. Dies war eine Folge der hohen Wertschätzung, die der germanisch-fränkische Adel dem Wald beimaß. Hauptlebensgrundlage war die Landwirtschaft, ergänzt durch handwerkliche Produktion, beides zumeist für den Eigenbedarf. Ab Mitte des 8. Jh. n. Chr. setzte sich die sog. „Dreifelderwirtschaft" allmählich durch. Auf je einem Drittel der Fläche wurden dabei Sommer- bzw. Wintergetreide angebaut, die Restflächen lagen brach, konnten sich zwischenzeitlich erholen und später wieder genutzt werden. Die entsprechende Fruchtfolge wurde den Bauern durch Flurzwang vorgeschrieben. Ursächlich hierfür ist wohl u. a. die Landgüterverordnung „Capitulare de villis", die Karl der Große erstellen ließ. Darin wurden Vorschriften zu Ackerbau und Viehzucht, Obst- und Weinanbau, Fischzucht, Imkerei usw. aufgestellt, um eine Ertragssteigerung und die Vermeidung von Ernährungsengpässen zu gewährleisten.

Schriftliche Quellen bezeugen ab dem Ende des 8. Jh. n. Chr. verstärkte Seefahrten der „Nordmänner" (Wikinger), die unter Ausnutzung der wärmeren Klimaverhältnisse u. a. Island und Grönland besiedelten, aber auch das fränkische Reich kriegerisch bedrohten. Ihre hochseetauglichen, schnellen und wendigen Schiffe nutzten sie nicht nur, wie allgemein angenommen, für Raubzüge, sondern auch zum Ausbau eines Fernhandelsnetzes und damit verbundenem Import von Luxusgütern, wie z. B. Gewürzen. Ihre ausgedehnten Handelsrouten reichten über Byzanz bis in das heutige Russland, nach Arabien und sogar bis Asien. Über die von ihnen gegründeten Handelsniederlassungen kamen bisher nicht oder nur kaum bekannte Lebensmittel in Umlauf, welche die frühmittelalterliche Küche Mitteleuropas nachhaltig beeinflusst und bereichert haben.

Rettichsalat mit Flusskrebsschwänzen

1 kg **schwarzer Rettich**
(ersatzweise weißer Rettich)
320 g **Flusskrebsschwänze**
(gekocht)
240 ml **Leinöl**
125 ml **Apfelessig**
25 g **Dill**
5 TL **Salz**

Schwarzer Rettich ist normalerweise sehr
scharf. Wir empfehlen deshalb eine Mischung
mit dem milderen weißen Rettich.

Zubereitung: Rettich schälen, in kleine Würfel schneiden,
die in mundgerechte Stücke geschnittenen Flusskrebsschwänze und fein gehackten Dill dazugeben. Aus Leinöl, Apfelessig
und Salz eine Vinaigrette herstellen, alles gut durchmischen und für
etwa 10 Minuten ziehen lassen.

12 Eier
350 g **Steinpilze**
(ersatzweise braune Champignons)
40 g **Wiesenkerbel**
10 g **Löwenzahn**
15 g **Schafgarbe**
15 g **Gundermann**
15 g **Hirtentäschel**
100 g **Butter**
1–2 TL **Salz**

Zubereitung: Pilze säubern, grob würfeln und mit den gewaschenen, fein geschnittenen Kräutern mischen. Die Eier aufschlagen, verquirlen und zusammen mit Pilzen und Wildkräutern in heißer Butter zunächst stocken lassen, danach aufrühren, gar ziehen und mit Salz abschmecken.

Frische Steinpilze sind geschmacklich deutlich besser als Champignons, man kann allerdings auch getrocknete Steinpilze verwenden.

Rührei mit Steinpilzen und Wildkräutern

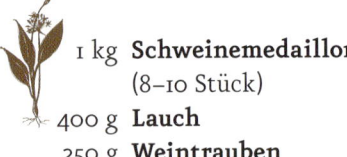

1 kg **Schweinemedaillons**
(8–10 Stück)

400 g **Lauch**

250 g **Weintrauben**

100 g **Butter**

3–4 EL **Honig**

0,1–0,2 l **Apfelessig**
Salz

Zubereitung: Lauch und Weintrauben waschen, grob hacken und in Butter ca. 10 Minuten bei mittlerer Hitze andünsten, danach mit Apfelessig, Honig und Salz nach Geschmack würzen und bei niedriger Temperatur nochmals für 2–3 Minuten gar ziehen. Die Schweinemedaillons auf dem Grill von allen Seiten kross anbraten und danach für etwa 4–5 Minuten in der Soße ruhen lassen.

Schweinemedaillons
süß-sauer

Quarkbällchen mit Waldmeister

Waldmeister kann auch getrocknet verwendet werden,
sollte dann allerdings in geringerer Menge dosiert werden.

Ergibt 32 Quarkbällchen:
1 kg **Quark** (Magerstufe)
35 g **Waldmeister**
70 g **Semmelbrösel**
20 g **Butter**

Zubereitung: Quark in einem feinmaschigen Sieb oder Küchentuch 1–2 Stunden abtropfen lassen, dann mit fein geschnittenen Blättern vom Waldmeister, Semmelbröseln und Butter zu einem Teig kneten und für ca. 24 Stunden kühl lagern. Danach aus dieser Masse Bällchen von etwa 4–5 cm Durchmesser formen und auf einem gefetteten Blech im auf 200 Grad vorgeheizten Backofen auf mittlerer Schiene je nach gewünschtem Bräunungsgrad 20–25 Minuten garen.

An der Tafel der Ritter

Mittelalter
ca. 10. Jh. – 11. Jh. n. Chr.

Das sog. „Mittelalterliche Klimaoptimum" setzte sich fort, die Jahresmitteltemperaturen lagen mindestens 1 Grad höher als heute. Dies begünstigte die landwirtschaftliche Entwicklung in Mitteleuropa in der Form, dass früher kaum nutzbare Flächen, wie die höheren Lagen der Mittelgebirge, nun agrarisch beansprucht wurden. Durch massive Rodungs- und Kultivierungsmaßnahmen kam es zu einer, später nie wieder erreichten Ausdehnung von Ackerland. Mit der daraus resultierenden verbesserten Versorgungslage nahm auch die Bevölkerungsdichte deutlich zu.

Die schon seit fränkischer Zeit bestehenden Adelssitze wurden zu immer stärker befestigten Burgen ausgebaut und mit den dazugehörenden Ländereien vom jeweiligen Herrscher an seine Gefolgsleute, die „Ritter", als Lehen vergeben. So entstand eine streng hierarchisch gegliederte Gesellschaft mit freien und hörigen Bauern, niederem und höherem Adel sowie dem Klerus, der infolge der Christianisierung immer mehr an Bedeutung gewann. Bereits bestehende Klöster wurden ausgebaut und durch Neugründungen erweitert. Der dort in fränkischer Tradition weiterentwickelte Feld-, Garten- und Obstbau sowie die landwirtschaftlichen Produkte der Rittergüter bildeten die Haupternährungsgrundlagen. Neben diversen Getreidearten, Gemüse und Obst sicherten auch die Erträge aus der Viehzucht die Versorgung der Bevölkerung mit Lebensmitteln. In den Klosterbetrieben wurden darüber hinaus Fische und Krebse gezüchtet, Weinreben und Hopfen für das Bierbrauen angebaut. Die Jagd wurde zum alleinigen Vorrecht von Adel und Klerus, wobei sie nicht mehr vorrangig zum Nahrungserwerb, sondern eher zum Vergnügen ausgeübt wurde.

Die großen Unterschiede innerhalb dieser feudalistischen Gesellschaft äußerten sich auch in den Ernährungs- und Kochgewohnheiten. Die Wohlhabenden konnten sich den Luxus von importierten Lebensmitteln, aufwändigen Kücheneinrichtungen, Beschäftigung von Köchen und Dienstpersonal und kostbares Speise- und Trinkgeschirr leisten. Im Gegensatz dazu stellte sich der einfachen Bevölkerung nicht die Frage: „Was essen wir heute?" sondern „Essen wir heute?".

Räucherfischsuppe mit Möhren und Dill

450 g **Räucherfisch**
(Aal, Lachs, Forelle o. Ä.)
550 g **Möhren**
35 g **Dill**
0,3 l **Fischfond**
1 l **Wasser**

Fischfond lässt sich durch Auskochen
von Fischabfällen wie Köpfen, Gräten etc.
relativ einfach herstellen.
Unser Tipp: Mit etwas Weißwein und Essig
abschmecken und kühl einlagern.

Zubereitung: Möhren schälen, in Scheiben schneiden und in kochendem Wasser ca. 30 Minuten gar ziehen, danach pürieren, Fischfond und in mundgerechte Stücke geschnittenen Fisch zugeben, etwa 10 Minuten bei geringer Hitze ziehen lassen und zum Schluss fein gehackten Dill unterziehen.

300 g **Brennnesseln**
375 g **Karotten**
300 g **geräucherte Mettwurst**
1 l **Fleischbrühe**
80 g **Butter**

Zubereitung: Karotten schälen, in dünne Scheiben schneiden und zusammen mit der ebenfalls in Scheiben geschnittenen Mettwurst in der Fleischbrühe bei mittlerer Temperatur ca. 20 Minuten garen. Die Brennnesselblätter waschen, grob hacken und alles zusammen weitere 4–5 Minuten garen. Anschließend die Brühe abgießen und die Butter unter das Gemüse ziehen.

Brennnesseln enthalten viele wertvolle Inhaltsstoffe, z. B. sehr viel Eisen, im Gegensatz zu dem wegen seines angeblich hohen Eisengehaltes gerühmten Spinat.

Brennnesselgemüse mit Mettwurst und Karotten

1 kg **Lammkeule**
(ohne Knochen)

0,5 l **Walnussessig**
(ersatzweise Weinessig)

0,5 l **Met** (trocken-würzig)

150 g **Butterschmalz**
Semmelbrösel
(Menge nach Bedarf)
Honig
(Menge nach Bedarf)
Salz
(Menge nach Bedarf)

Zubereitung: Lammkeule gut abwaschen und 5–6 Tage, je nach gewünschtem Säuerungsgrad, in einem geschlossenen Gefäß mit Essig und Met einlegen und kühl lagern. Danach das Fleisch in heißem Butterschmalz von allen Seiten scharf anbraten, mit der Marinade angießen und im geschlossenen Bräter im Backofen auf unterer Schiene bei 100 Grad ca. 2,5–3 Stunden garen, dabei im Abstand von ca. 30 Minuten immer wieder wenden und mit dem Bratenfond übergießen. Anschließend das Fleisch aus dem Bräter nehmen und warm stellen. Die Bratflüssigkeit auf dem Herd aufkochen, mit Semmelbröseln andicken und mit Honig und Salz abschmecken.

Sauerbraten vom Lamm

Kirschen mit Apfelmus und Minze

Es gibt sehr viele unterschiedliche Arten von Minze, die sich auch geschmacklich zum Teil deutlich voneinander unterscheiden. Wir empfehlen die Verwendung von Wasserminze oder der klassischen, allgemein bekannten Pfefferminze, raten aber auch dazu, andere Sorten nach Geschmack auszuprobieren.

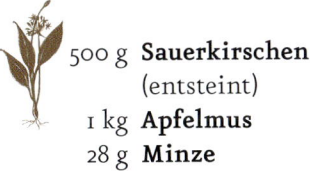

500 g **Sauerkirschen** (entsteint)
1 kg **Apfelmus**
28 g **Minze**

Zubereitung: Minze waschen, trocken tupfen, fein hacken und mit den restlichen Zutaten vermengen, danach ca. 30 Minuten kühl stellen und vor dem Verzehr gut durchrühren.

Die Hofküche
der Staufer

Hochmittelalter
ca. 12. Jh.–13. Jh. n. Chr.

Klimatisch gesehen kam es in dieser Epoche regional zu ungünstigen Phasen, verbunden mit Überschwemmungen an großen Flüssen und Sturmfluten an den Küsten. Durch anhaltendes Bevölkerungswachstum wurden – um neue Gebiete zu erschließen – weiterhin vermehrt Wälder gerodet, Moore und Sümpfe entwässert oder Marschland durch Kanäle und Deiche trockengelegt. Die massiven Eingriffe in die Natur veränderten das Landschaftsbild beträchtlich; so blieben größere Waldbestände fast nur im Bergland erhalten. Den Rodungsbauern und Neusiedlern wurden von den Grundherren als Lohn für die mühselige Landerschließung vorteilhaftere Besitzrechte und gelockerte Dienstpflichten gewährt, was zu Änderungen der zuvor starren Abhängigkeitsverhältnisse führte.

Aufgrund verbesserter Methoden und Geräte, daraus resultierender Erträge und die effektiveren Konservierungs- und Lagermöglichkeiten von Lebensmitteln erwirtschafteten die Landbevölkerung, die Rittergüter und Klöster mehr, als sie selbst verbrauchten. Diese Überschüsse wurden auf den Märkten der unaufhörlich wachsenden Städte angeboten. Die Stadtbewohner erhielten das Recht, ihre Städte durch Befestigungsanlagen zu schützen und regelmäßig Markttage abzuhalten, für die sie Steuern an die Obrigkeit zahlen mussten. Das Marktrecht war sicherlich das wichtigste Stadtrecht, denn vor allem der Handel bestimmte den Wohlstand einer Stadt.

Neben Ackerbau und Viehzucht gewann der Obstbau auf dem Land wieder stark an Bedeutung. Aber auch innerhalb der Stadtmauern existierten große Freiflächen, die von den Bürgern teilweise zum Anbau von Kräutern, Gemüse, Obst und sogar Wein genutzt wurden.

Die Einrichtung der Küchen verbesserte sich in wohlhabenden Haushalten durch die Entwicklung von knie- oder tischhoch gemauerten Feuerplatten und Herden sowie eine reichhaltige Palette von Küchenutensilien. Dies beeinflusste auch die Vielfalt der Gerichte, obwohl das Kochen auf offenem Feuer deutlich schwieriger war als heute und abhängig vom Geschick der Köche. Diese kreierten für den verwöhnten Adel immer aufwändigere Speisen mit ausgefallenen Geschmacksrichtungen, was nicht selten zu harscher Kritik seitens der Kirche führte. Die ärmeren Bevölkerungsschichten konnten sich teure Fleischprodukte nur selten leisten und ernährten sich daher nach wie vor von Brot, Suppen, Brei- und Eintopfgerichten sowie Gemüse und Wildpflanzen.

Sauerkrautsuppe mit Krabben und Speck

500 g **Sauerkraut**
300 g **Krabben**
(gekocht und geschält)
125 g **Speckwürfel**
50 g **Butterschmalz**
2–2,5 l **Gemüsebrühe**
4 TL **Kümmel** (gemahlen)
6 TL **schwarzer Pfeffer**
(gemahlen)

 **Zubereitung:** Speckwürfel in Butterschmalz kross anbraten, mit 2 l Brühe angießen, Sauerkraut und Kümmel zugeben und ca. 60 Minuten im offenen Topf bei mittlerer Hitze köcheln. Anschließend pürieren und je nach gewünschter Konsistenz die restliche Brühe dazugeben. Dann kurz aufkochen lassen, Krabben und Pfeffer unterziehen und noch weitere 2–3 Minuten ohne zusätzliche Hitze ziehen lassen.

800 g **Dicke Bohnen**
500 g **Hähnchenbrustfilet**
125 g **Hirse**
230 g **Wildschweinsalami**
(ersatzweise Salami)
50 g **Schweineschmalz**
1,2 l **Fleischbrühe**
0,7 l **Wasser**
1–2 EL **Majoran** (getrocknet)
4–5 EL **Schnittlauch**

Zubereitung: Dicke Bohnen zusammen mit in Scheiben geschnittener Wildschweinsalami in heißem Schmalz angaren, nach ca. 10 Minuten mit Brühe ablöschen, Hirse und Wasser dazugeben und ca. 30 Minuten köcheln. In der Zwischenzeit die Hähnchenbrustfilets sorgfältig waschen, trocken tupfen und in mundgerechte Stücke schneiden. Danach in heißem Butterschmalz kross anbraten, zum Bohneneintopf geben und in 10–15 Minuten bei mittlerer Temperatur fertig garen.

Dicke Bohnen mit Hühnchen nach Jägerart

1 kg **Schweineleber** (8 Scheiben)
125 g **Dörräpfel**
18 g **Kümmel** (gemahlen)
600 g **Sahne**
0,3 l **Apfelsaft** (naturtrüb)
Weizenmehl Type 405
(Menge nach Bedarf)
Salz

Dörräpfel lassen sich recht einfach selbst herstellen, indem man die Äpfel entkernt, in ca. 3–4 mm dicke Ringe schneidet und im Backofen bei niedriger Temperatur (ca. 50 Grad) trocknet.

Zubereitung: Dörräpfel grob würfeln und für ca. 2–3 Stunden in Apfelsaft einweichen, dann mit der Sahne und Kümmel 20 Minuten bei mittlerer Temperatur zu einer Soße aufkochen. Die Leberscheiben mit Mehl bestäuben, auf beiden Seiten auf dem Grill gar braten und mit der Soße servieren.

Schweineleber vom Grill
mit Apfel-Kümmelsoße

Rotweinpflaumen mit
Zimt und Koriander

Falls frische Pflaumen saisonbedingt nicht erhältlich sind, kann man auch
auf entsprechende Konserven zurückgreifen. Eine geschmacklich interessante
Variante ist auch die Verwendung von Zwetschgen, Mirabellen, Pfirsichen oder Aprikosen.

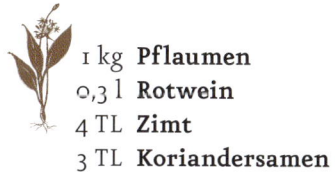

1 kg **Pflaumen**
0,3 l **Rotwein**
4 TL **Zimt**
3 TL **Koriandersamen**

Zubereitung: Pflaumen waschen, entsteinen, in mundgerechte Stücke schneiden und
12 Stunden in Rotwein einlegen. Die Koriandersamen
in einer Pfanne kurz anrösten, danach in einem
Mörser zerkleinern, anschließend zusammen mit
dem Zimt unter die Pflaumen mischen. Möglichst gut
gekühlt servieren.

Bestimmungshilfe für Wildpflanzen

Bärlauch
(*Allium ursinum*)
Wuchshöhe: 15–50 cm
Blütenfarbe: weiß
Blütezeit: April – Juni
Vorkommen: Laub- und
Mischwälder, Auwälder

Beifuß
(*Artemisia vulgaris*)
Wuchshöhe: 30–150 cm
Blütenfarbe: gelb
Blütezeit: Juli – Oktober
Vorkommen: Ödland,
Wege, Ufer, Gebüsche

Brennnessel
(*Urtica dioica*)
Wuchshöhe: 30–250 cm
Blütenfarbe: grün
Blütezeit: Juni – Oktober
Vorkommen: Ödland,
Waldränder, Lichtungen,
Wegränder, Ufer

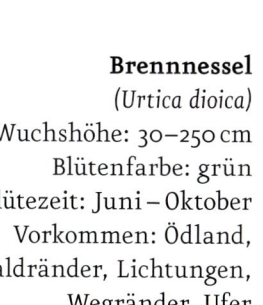

Dost
(Origanum vulgare)
Wuchshöhe: 20–50 cm
Blütenfarbe: blassrosa
Blütezeit: Juli – Oktober
Vorkommen: Trocken-
wälder, Halbtrockenrasen
und Wegraine

Giersch
(Aegopodium podagraria)
Wuchshöhe: 30–100 cm
Blütenfarbe: weiß
Blütezeit: Mai – Juli
Vorkommen: Waldränder,
Gebüsche, Gärten, Park-
anlagen und Ufer

Gundermann
(Glechoma hederacea)
Wuchshöhe: 5–20 cm
Blütenfarbe: blau oder
rotviolett
Blütezeit: März – Juni
Vorkommen: Wiesen, Rasen,
Wald- und Uferränder,
halbschattige Standorte

Hirtentäschel
(Capsella bursa-pastoris)
Wuchshöhe: 2–70 cm
Blütenfarbe: weiß
Blütezeit: März–Oktober
Vorkommen: Wegränder,
Wiesen, Gärten und Ufer

Knoblauchsrauke
(Alliaria petiolata)
Wuchshöhe: 20–100 cm
Blütenfarbe: weiß
Blütezeit: März–Juni
Vorkommen: Brachland,
Wegränder, Waldlich-
tungen, Auen

Löwenzahn
(Taraxacum officinale)
Wuchshöhe: 10–30 cm
Blütenfarbe: gelb
Blütezeit: März – November
Vorkommen: Rasen,
Wiesen, Ödland, Äcker,
Gärten und Wälder

Sauerampfer
(*Rumex acetosa*)
Wuchshöhe: 30–100 cm
Blütenfarbe: rostrot
Blütezeit: Mai–Juni
Vorkommen: Feuchtwiesen,
Wald- und Wegränder,
Böschungen, Brachland

Schafgarbe
(*Achillea millefolium*)
Wuchshöhe: 15–60 cm
Blütenfarbe: weiß
Blütezeit: Juni – Oktober
Vorkommen: Halbtrocken-
rasen, Feldraine,
Gärten, Ödland

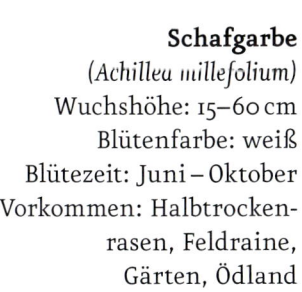

Thymian
(Thymus vulgaris)
Wuchshöhe: 10–25 cm
Blütenfarbe: hellviolett
Blütezeit: Juni – Oktober
Vorkommen: Kalkmager-
rasen, trockene, sonnige
Standorte

Waldmeister
(Galium odoratum)
Wuchshöhe: 2–15 cm
Blütenfarbe: weiß
Blütezeit: April – Mai
Vorkommen: Laub- und
Mischwälder, Lichtungen
und Waldränder

Wiesenkerbel
(*Anthriscus sylvestris*)
Wuchshöhe: 50–150 cm
Blütenfarbe: weiß
Blütezeit: April – Juli
Vorkommen: Wiesen, Gebüsche,
Waldränder und Wegraine

Zum Weiterlesen:
Ausgewählte Literatur

D. AICHELE, M. GOLTE-BECHTLE: Was blüht denn da? Wildwachsende Blütenpflanzen Mitteleuropas. Stuttgart 1997.

J. AULER, D. DAVERTZHOFEN: Kochen durch alle Epochen. Eine kulinarische Reise durch Dormagens Vergangenheit. Dormagen 2006.

B. BENDER: Farming in Prehistory. From hunter-gatherers to food-producers. New York 1975.

N. BENECKE: Der Mensch und seine Haustiere. Die Geschichte einer Jahrtausende alten Beziehung. Stuttgart 1994.

M. BLACK: Küchengeheimnisse des Mittelalters. Würzburg 1998.

M. BOETZKES, I. SCHWEITZER, J. VESPERMANN (Hrsg.): EisZeit. Das große Abenteuer der Naturbeherrschung. Begleitbuch zur gleichnamigen Ausstellung. Hildesheim und Stuttgart 1999.

P. CASELITZ: Ernährungsmöglichkeiten und Essgewohnheiten prähistorischer Bevölkerungen. British Archaeological Reports International Series 314. Oxford 1986.

E. COMES: Römerkochbuch. Wintrich 2008.

M. EGG et al.: Die Gletschermumie vom Ende der Steinzeit aus den Ötztaler Alpen. Sonderdruck Jahrbuch RGZM 39, 1992. Mainz 1993.

T. EHLERT: Das Kochbuch des Mittelalters. Zürich und München 1991.

S. G. FLEISCHHAUER: Enzyklopädie der essbaren Wildpflanzen. Aarau/München 2005.

A. FURGER, F. HARTMANN: Vor 5000 Jahren. So lebten unsere Vorfahren in der Jungsteinzeit. Bern 1983.

G. GERLACH: Zu Tisch bei den alten Römern. Eine Kulturgeschichte des Essens und Trinkens. Archäologie in Deutschland, Sonderheft 2001. Stuttgart 2001.

M. GRÜNEWALD: Nibelungenkochbuch. Lindenberg im Allgäu 2006.

K.-H. KNÖRZER et al.: Pflanzenspuren. Archäobotanik im Rheinland. Köln/Bonn 1999.

U. KÖRBER-GROHNE: Nutzpflanzen in Deutschland. Kulturgeschichte und Biologie. Stuttgart 1987.

U. KÖRBER-GROHNE: Pflaumen, Kirschpflaumen, Schlehen: Pflanzen und ihre Geschichte seit der Frühzeit. Stuttgart 1996.

K. KOWALSKI: Die Tierwelt des Eiszeitalters. Erträge der Forschung, 239. Darmstadt 1986.

M. KUCKENBURG: Die Kelten in Mitteleuropa. Stuttgart 2004.

H. KÜSTER: Geschichte der Landschaft in Mitteleuropa. Von der Eiszeit bis zur Gegenwart. München 1995.

J. LÜNING: Steinzeitliche Bauern in Deutschland. Die Landwirtschaft im Neolithikum. Universitätsforschungen zur prähistorischen Archäologie 58. Bonn 2000.

J. LÜNING (Hrsg.): Die Bandkeramiker. Erste Steinzeitbauern in Deutschland. Bilder einer Ausstellung beim Hessentag in Heppenheim/Bergstraße im Juni 2004. Rahden/Westf. 2005.

O. J. MAENCHEN-HELFEN: Die Welt der Hunnen. Wiesbaden 1997.

H. P. PESCHKE, W. FELDMANN: Zu Gast bei Kleopatra und Robin Hood. Eine kulinarische Zeitreise. München 2003.

A. PFEIFFER (Hrsg.): Vom Mammutfleisch bis zur Kartoffel. Ein Report zur Frühzeit unserer Ernährung. Heilbronner Museumsheft Nr. 15. Frankfurt am Main 1992.

E. PROBST: Deutschland in der Steinzeit. München 1991.

E. PROBST: Deutschland in der Bronzezeit. München 1996.

S. RIECKHOFF, J. BIEL: Die Kelten in Deutschland. Stuttgart 2001.

E. SCHUBERT: Essen und Trinken im Mittelalter. Darmstadt 2006.

E. A. THOMPSON: The Huns. Oxford 1999.

A. WERNER: SteinZeitMahlZeit. Oldenburg 2004.

A. WERNER: Keltische Kochbarkeiten. Stuttgart 2007.

Zu den Autoren

Achim Werner, geboren 1956 in Schalksmühle (Märkischer Kreis, Sauerland) studierte an den Universitäten Bochum und Köln die Fächer Ur- und Frühgeschichte, Geologie und Völkerkunde. Bereits zu Beginn der 1980er-Jahre beschäftigte er sich intensiv mit Fragestellungen der zu dieser Zeit im deutschsprachigen Raum noch relativ unbekannten experimentellen Archäologie und führte entsprechende Rekonstruktionsversuche durch. Angeleitet und nachhaltig unterstützt durch Prof. Dr. Jens Lüning konnte er u. a. Untersuchungen zu jungsteinzeitlichen Backöfen und deren modellhafter Rekonstruktion durchführen. Dies war auch Thema seiner Magisterarbeit, die er 1985 am Kölner Institut für Ur- und Frühgeschichte bei Prof. Dr. Gerhard Bosinski ablegte.

In den folgenden Jahren schlossen sich experimental-archäologische Untersuchungen u. a. zu prähistorischem Bronzeguss, Eisenverhüttung in Rennfeueröfen, neolithischem Keramikbrand, römischen Brandbestattungen oder zur Kleidung und Ausrüstung der jungneolithischen Gletschermumie „Ötzi" an. Die Ergebnisse wurden in entsprechenden Fachbeiträgen veröffentlicht und dienten gleichzeitig als Grundlage für eine Vielzahl museumspädagogischer Aktivitäten. Hierbei setzt Achim Werner mittlerweile einen Schwerpunkt im Bereich prähistorischer Ernährung. Das große Interesse des Publikums bei öffentlichen Veranstaltungen und Vorführungen zu diesem Thema hat dazu geführt, dass er in seinem Buch „Steinzeit-Mahlzeit" (Oldenburg 2004) mit nachempfundenen, wissenschaftlich fundierten Rezeptvorschlägen koch- und experimentierfreudigen Lesern eine kulinarische Exkursion in die Jungsteinzeit ermöglichte. Die überaus positive Resonanz auf das Steinzeitkochbuch ermutigte ihn, in Zusammenarbeit mit dem Theiss Verlag Stuttgart im Jahr 2007 unter dem Titel „Keltische Kochbarkeiten" eine weitere, ebenfalls erfolgreiche Publikation zur Ernährung der Kelten mit entsprechenden Rezeptideen vorzulegen.

Der neue Band „Kochen durch die Epochen" erweitert den Themenkreis durch die Möglichkeit, eine kulinarische Zeitreise über elf Epochen von der Steinzeit bis ins Hochmittelalter, wiederum begleitet durch schmackhafte Rezeptideen, zu unternehmen.

Jens Dummer, geboren 1958 in Hamburg, studierte an der Kunstakademie Düsseldorf und war privater Meisterschüler von Anatol Herzfeld. Im Jahr 1981 wurde er mit dem Umweltschutzpreis der Stadt Düsseldorf ausgezeichnet. Seine Werke stellte er im In- und Ausland aus. Auch schrieb, gestaltete und illustrierte er mehrere Bücher. Seit 1997 ist Jens Dummer als Fachbereichsleiter Zeichnen an der Akademie für Bildende Kunst NRW in Düren tätig.

Die Teilnahme an Ausgrabungen im Rahmen des Forschungsprojektes SAP im Rheinischen Braunkohlerevier förderte sein Interesse an der Archäologie. Seit Beginn der 1980er-Jahre unterstützte er Achim Werner bei der Durchführung von Rekonstruktionsversuchen im Bereich der experimentellen Archäologie und bei museumspädagogisch orientierten Vorführungen. Diese Zusammenarbeit erweiterte Jens Dummer, indem er für mehrere wissenschaftliche Publikationen von Achim Werner die Rekonstruktionszeichnungen anfertigte und die Kochbücher „Steinzeit-Mahlzeit" und „Keltische Kochbarkeiten", an deren Erstellung er auch maßgeblich beteiligt war, illustrierte. Bei dem nun vorliegenden Band „Kochen durch die Epochen" ist er als Koautor verantwortlich vor allem für die Textgestaltung und das Arrangement der Rezeptfotos.

Rezeptverzeichnis

Rezeptkategorien

 **Falls nicht ausdrücklich anders angege-
ben, beziehen sich die Zutatenmengen auf
Gerichte für vier Personen.**

Abbildungsnachweis

Rezeptfotos: Achim Werner

Wildpflanzenfotos: Wilfried Eckstein

Zeichnungen: Jens Dummer, nach folgenden Motiven/Vorlagen:

Seite 16: Höhlenmalerei eines von Speeren getroffenen Wisents (Jungpaläolithikum, Grotte de Niaux)

Seite 22: Jagdszene mit Bogenschützen und Hirsch (Mesolithikum, Valltorta-Schlucht)

Seite 28: Verziertes Keramikgefäß, sog. Kumpf (Neolithikum, Belgien)

Seite 34: Rekonstruktionsversuch eines Dolches mit Feuersteinklinge (Chalkolithikum, Beifund „Ötzi")

Seite 40: Prähistorische Darstellung des Pflügens mit Ochsengespann (Bronzezeit)

Seite 46: Eiserner Kochkessel (Vorrömische Eisenzeit, Keltisches Oppidum Manching)

Seite 52: Darstellung eines Mundschenks (Römische Kaiserzeit, Grabsäule von Igel bei Trier)

Seite 58: Eiserne Stielpfanne (Völkerwanderungszeit)

Seite 64: Rekonstruktionsversuch eines sog. „Schutzklappengefäßes" (Frühmittelalter, Thüringen)

Seite 70: Zubereitung eines Schmorgerichtes (Mittelalter, Teppich von Bayeux)

Seite 76: Melken einer Kuh (Hochmittelalter, nach einer Miniatur des 13. Jh.)